総メディア社会とジャーナリズム
新聞・出版・放送・通信・インターネット

総メディア社会とジャーナリズム

新聞・出版・放送・通信・インターネット

矢野直明

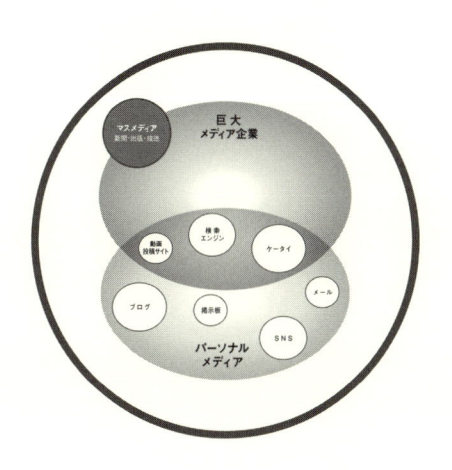

知泉書館

はじめに

　インターネット上に花開いたブログとかSNSで，自分の思うことを世間に向けて発信できるのは素晴らしい。つい最近まで，情報はほとんどマスメディアを通して提供されてきたのである。
　私はパーソナルメディア（電子メディア）とマスメディアが交錯する現代を「総メディア」社会と呼んできた。いまや，動画を自分でビデオにおさめ，それを投稿することもできれば，ケータイを使ってテレビも見られる。情報のデジタル化で紙のメディアと電子メディアが融合し，通信と放送の境界もなくなりつつある。
　未来のメディアがどのようなものになるかは多くの人の関心事であり，私自身も強い興味をもっているが，本書のテーマは，新しいメディアの時代におけるジャーナリズムのあり方である。
　現状況下で，従来の伝統的メディア，マスメディアは大いなる苦境に立たされている。アメリカで顕著なように，メディア企業は巨大なコングロマリットへと変貌しているし，一方で，若者を中心に既存マスメディア離れが進んでいる。従来のマスメディアが曲がりなりにも担っていた「表現の自由」や「ジャーナリズム」の影が，近年とみに薄れていると言えよう。
　私たちはいま，日常的に自由にものを言い，また書いているわけで，とりたてて「表現の自由」を意識することはない。パーソナルメディアの発達で，だれもが「表現の自由」を行使する具体的手段を得たのだから，それでいいじゃないか，と思っている人も多いだろう。たしかにそういう面はあるが，「表現の自由」は，民主主義社会を維持するために，きわめて大切な権利であり，「ジャーナリズム」は，「表現の自由」を行使する社会的な活動である。
　だれもが情報発信の道具をもった今こそ，私たち一人ひとりが「表現の自由」について理解し，新しいメディア環境の中でこれを維持，拡大していかなくてはいけない。いまはタジタジとしている

ように見える伝統的メディア企業の役割もなお大きいし，新しいメディアを利用した個人一人ひとりの取り組みも期待される。

　本書では，まず新聞，出版，放送といった伝統的なメディア企業がどのような活動をしてきたか，いま何に悩んでいるかを概観する。ついでインターネットの発達でメディアの中心に位置するようになった通信と「通信の秘密」の意味について，さらにはメディアと不可分な「表現の自由」について考える。後半では，パーソナルメディアが世の中をどう変えているかを見ながら，通信と放送の融合時代に対応した新しい法体系模索の動きを検討する。

　取り上げるのは「メディアの今」だが，テーマは，「表現の自由」と「ジャーナリズム」の過去，現在，そして未来である。それはもちろん，「メディアの未来」と密接に結びついている。

　私は，新聞社で長らく取材記者，整理記者，雑誌編集者，ウエブマガジン編集者と，さまざまなメディアを経験してきた。本書では，その間のエピソードも交えながら，なるべく楽しい読み物になることも心がけた。読み終えたときに，未来のメディアにおける「表現の自由」と「ジャーナリズム」の重要さを実感してくれるとたいへん嬉しい。

　なおこの本は，先に刊行した『サイバーリテラシー概論』の，言わば，メディアに関する各論である。「総メディア社会」という考え方そのものが「サイバーリテラシー」から派生している。『サイバーリテラシー概論』もあわせてご一読いただければ幸いである。

　2009年2月末日　梅の香に春の訪れを感じながら

　　　　　　　　　　　　　　　　　　　　　　　　　著者記す

目次

はじめに……v

第I部
「総メディア社会」とその進展

1 | 「総メディア社会」とは……5
「最後の授業」とグーグル・ストリートビュー……6
「総メディア社会」の特徴……10

2 | メディア企業も人びとの関心も変化……12
メディア企業はコングロマリット化……12
「マスメディア」の時代の終わり……14
IT企業は「新たなメディア企業」……15
人びとのメディア接触態度も変化……17
本書の意図……20

第II部
既存マスメディアの歩みと現在

3 | 新聞というメディア……25
日本の新聞……25
海外の新聞……29
日本の新聞部数の推移……30
若者を中心に新聞離れ……32

4 | 新聞の機能とニュース……35
新聞の機能……35
ニュースとは何か……36
揺れる「記者クラブ」……37
「脱・記者クラブ」宣言と日本新聞協会の見解……38
新聞社という組織……39

5 | 調査報道とジャーナリズム……43

ウォーターゲート報道（1972）………43
ペンタゴン・ペーパーズとジャーナリズムの底力………45
リクルート報道（1988）………46
不祥事に見るジャーナリズム精神の衰退………48
新聞の構造変化と社会………51

6 | 本と雑誌 ………53
本とベストセラーの歴史………53
雑誌の興亡………60

7 | 出版の現場 ………64
本と雑誌が売れない………64
出版社・取次・書店………67

8 | 出版危機の本質 ………71
委託販売制度と高い返品率，安易な書店経営………71
再販売価格維持制度（再販制）………73
押し寄せる電子化の波………77

9 | 編集という仕事 ………78
編集者は縁の下の力もち………78
編集者とは何か………80
万人が編集者になる時代………82

10 | ラジオとテレビ ………85
ラジオの誕生………85
古いメディアと新しいメディア………88
戦前のラジオ………90
放送法とNHKの新スタート………91
民放の誕生とテレビの時代………92

11 | 多メディア化の中のテレビ ………94
テレビの発展………94
テレビ視聴実態の変化………95

テレビの多チャンネル化………96
　　　テレビをめぐる話題………98

12 | メディアとしての放送とその変容………102
　　　NHKと民放の二元体制………102
　　　「制度的メディア」………103
　　　変わる放送のあり方………106
　　　「総メディア社会」の出現………108

第Ⅲ部
通信とインターネットの登場

13 | 通信と「通信の秘密」の意味………113
　　　メディアとしての電話………113
　　　要件を伝える道具からおしゃべり道具へ………114
　　　サイバー空間の萌芽………115
　　　コモンキャリアと「通信の秘密」………116
　　　「通信の秘密」の意味………118
　　　技術とわたしたちの感性………120

14 | インターネットと通信の変容………122
　　　通信の変容とプロバイダー………122
　　　「公然性を有する通信」………123
　　　プロバイダーのジレンマ………124
　　　プロバイダー責任制限法と発信者情報開示請求権………125

15 | 電子メディアの諸相………127
　　　電子メディアの位置づけ………127
　　　メール・ケータイ・ICタグ………128
　　　パソコンからケータイへ………131
　　　メディアとしてのケータイ………133

16 | 総メディア社会で何が変わったか………136

電子メディアは「消費者生成型」………136
　「編集メディア」・「無編集メディア」………137
　「相互編集メディア」・「コンピュータ編集メディア」………138
　インターネット広告とマスメディア………139
　浮遊する情報の危うさ………143

第Ⅳ部
総メディア社会と「表現の自由」

17｜「表現の自由」とメディア ………149
　「表現の自由」論の古典………149
　マスメディアと「表現の自由」………153

18｜マスメディアの混乱と「表現の自由」論の変遷 …158
　アイデンティティの喪失………158
　憲法学者の警告………159
　権力＆国民 vs マスメディア………161
　ネット vs マスメディア………162
　「表現の自由」論の変遷………163
　現在における「表現の自由」………165

第Ⅴ部
情報通信法の構想

19｜情報通信法とは ………169
　メディア・メッセージ・伝達手段………169
　メディアの「縦割り」から「横割り」へ………170
　プラットホームの役割………172
　新たな情報流通のボトルネック………173
　コンテンツに関する四つの基本類型………173
　「公然性」と「社会的影響力」………175
　公然性を有する通信と「表現の自由」………176

20 情報通信法のはらむ問題 ………………………… 178

　　マスメディアの反応 ……… 178
　　「表現の自由」の去就 ……… 182
　　個人情報保護法成立にいたる経緯 ……… 184
　　新しい酒を新しい皮袋に ……… 185

第VI部
未来のメディアとジャーナリズムの試練

21 毎日新聞コラム事件の衝撃 ………………………… 191

　　低俗記事めぐり電凸作戦 ……… 191
　　「編集メディア」内の「無編集」メディア ……… 192
　　ネットのもつ巨大な力 ……… 193
　　ジャーナリズムの試練 ……… 195

22 メディア様式の解体と創生 ………………………… 198

　　マスメディア様式の解体 ……… 198
　　新しいメディアの創造 ……… 207

おわりに ……………………………………………… 213
文献案内 ……………………………………………… 218
索　引 ……………………………………………… 220

総メディア社会とジャーナリズム
新聞・出版・放送・通信・インターネット

21世紀の自由社会では，数世紀にもわたる闘いの末に
印刷の分野で確立された自由という条件の下で
エレクトロニック・コミュニケーションが
行われるようになるのか，それとも，
新しいテクノロジーにまつわる混乱の中で，
この偉大な成果が失われることとなるのか，
それを決定する責任はわれわれの双肩にかかっている。

（イシエル・デ・ソラ・プール『自由のためのテクノロジー』堀部政男監訳，東京大学出版会）

第 I 部

「総メディア社会」とその進展

マスメディアとパーソナルメディアが錯綜する現代社会を，私は「総メディア社会」と捉えている。その基本的な考えは『サイバーリテラシー概論』で説明しているが，本書の根幹部分でもあり，あらためて私の考えを説明し，あわせて「総メディア社会」のその後の進展を整理しておこう。

1
「総メディア社会」とは

　従来のメディアはほとんどがマスメディアだった。その特徴は，多くの読者（消費者）を相手に，完成された製品を届けることである。またマスメディアは，一種の文化活動を担う特別な企業を指していると一般に理解されていた。マスコミとほぼ同義語だったわけである。電話は1対1の通信メディアで，ちょっと違うが，こういったメディアの境界がしだいにあいまいになっている。

表1　従来の主なメディア＝マスメディア

新聞（全国紙，地方紙，スポーツ紙，夕刊紙，フリーペーパー，専門紙，業界紙）
雑誌（週刊誌，月刊誌，スポーツ誌，コンピュータ誌，各種専門誌）
書籍
テレビ
ラジオ
レコード，CD，DVD
電話

　1995年ごろからインターネットが普及し，メディアのあり方に一大変化が起きた。さまざまな電子メディアの登場である。これを次ページに「電子メディア大爆発」として示してある。
　これらのメディアが，ここ10年ぐらいで，どっと出現した。電子メディアの登場こそ，パーソナルメディアの時代を切り開いたと言える。パーソナルという意味は，情報の送り手，受け手ともに個人が単位だということである。マスメディアにおいては，送り手は組織（企業），受け手は多数の個人である。パーソナルメディアの受け手は従来のマスメディアと比べて小数かというと，当初はそうだったとしても，今はマスメディアをはるかに凌駕するものもあり，受け手の量的な差異によって両者を区別することはできない。送り手が組織か個人かという区別もあいまいになっているが，「サイバーリテラシー第3原則」にあるように[1]，「サイバー空間は

表2 「電子メディア（パーソナルメディア）」大爆発

ブログ
SNS
掲示板
ウィキペディア
動画配信（ユーチューブ）
ポッドキャスティング
検索エンジン
ケータイ
ICタグ
ゲーム機

『個』をあぶり出す」から，巨大メディア企業が送り出す情報もまた，きわめてパーソナルな装いをもっている。

　本書では，マスメディアとの対比においてパーソナルメディアという言葉を使い，情報のデジタル化に注目する場合は電子メディアという表現を使う。パーソナルメディア＝電子メディアではないが，本書のテーマに沿って考えるとき，両者はかなりな部分で重なっている。

「最後の授業」とグーグル・ストリートビュー

　私たちがどのようなメディアに囲まれているかを実感するために，2つのトピックスを紹介しておこう。1つが「最後の授業」，もう1つがグーグル・ストリートビューである。前者はインターネットとテレビの区別がつかなくなったことを，後者は巨大メディア企業の圧倒的な力を感じさせる。

　最後の授業●　　カーネギーメロン大学のコンピュータ科学者（バーチャル・リアリティ専攻)，ランディ・パウシュ教授は2008年7

　1）『サイバーリテラシー概論』（第2章「サイバーリテラシー第3原則」p.23）参照。

月25日，すい臓がんのために47歳の若さで死去したが，たまたま前年2007年9月18日にカーネギーメロン大学で「最後の授業」をする機会を得た。「最後の授業」というのはとくに彼のためだけに行われているものではなく，退官する教授などが行うシリーズ企画である。

がん転移が明らかになり，余命数か月と宣告された後だったが，彼は5歳，2歳，1歳の子どもたちのためにも，と考えて引き受ける。その最後の授業は多くの聴衆に，そして成長した後の子どもたちに，夢を持つことの大切さを教えるきわめて感動的なものだった。

彼は何度もこういうことを言っている。「夢をかなえる道のりに障害が立ちはだかったとき，僕はいつも自分にこういい聞かせてきた。レンガの壁がそこにあるのには，理由がある。僕たちの行く手を阻むためにあるのではない。その壁の向こうにある『何か』を自分がどれほど真剣に望んでいるのか，証明するチャンスを与えているのだ」と。

この授業の全容はビデオに収められ，インターネットでも公開された。とくに動画サイト，ユーチューブ（You Tube）での反響は大きく，この話はほどなくして『最後の授業』として本にまとめられ，ベストセラーになり，日本でも翻訳された[2]。日本語版ユーチューブでも字幕付きで公開されている[3]。

ストリートビュー●　グーグルが2008年8月から日本でも開始した，従来の地図サービスに新しく追加された機能である。グーグルマップにアクセスして，ストリートビューのボタンをクリックすると，道路沿いに一般家屋の玄関先や庭，止めてある車，公園で憩う人びとや通行人の姿などが見える。

グーグルがアメリカで2007年5月から始めたサービス。グーグルマップでは，これまでも街路図や家並みの衛星写真は見られたが，そこに公道沿いに車を走らせて撮影した至近距離からの写真が加わ

2）ランディ・パウシュ『最後の授業』（矢羽野薫訳，ランダムハウス講談社，2008年）。日本語字幕入りの映像がDVDで添付されている。

3）http://jp.youtube.com/watch?v=nrFMRuB2lbA

った。3メートルぐらいの高さから撮っているので，垣根越しの庭の様子まで見える（日本では東京，大阪，京都，横浜など12都市に限られている）。アメリカでのサービス開始と同時に，プライバシーの侵害であるとの強い批判が出ているし，私道から撮影した画像が含まれていたのに対しては，訴訟も提起された。日本でもブログなどで賛否両論が展開されている。

公道上から撮影したといっても，本人にとっては見られたくない場合があるし，偶然撮られてしまった"恥ずかしい"写真もある。顔写真や車の番号などは修整し，「不適切な画像」については，報告すれば検討して，場合によっては削除もしている。このサービスは，観光地をバーチャル散策できるとか，家屋を下見して不動産売買に役立てることができるなどと言われているが，他方では，空き巣ねらいやストーカーに自分の家の状態を公開することにもなる。しかも，それが撮影されていることは当の住人にはまったく知らされていない。電子メディアはまさに私たちの知らないうちに身の回りに侵入しつつある[4]。

4）　たしかに撮影された風景は，そのときに公道を歩けばだれもが目撃できたものである。現実には，それを見られたからと言って文句をいう人は，まずいないだろう。しかし，そのことと一定時点で切り取られ，記録された光景が，だれにも，いつでも見られる形でウエブ上に提供されることとはまるで違う。
　問題は，このような新しい事態が，一般の人が十分認識しないままに，グーグルという一企業によって世界的に，しかも猛スピードで進められていることだ。この種のサービスが，国民感情との適合性，プライバシーや著作権をめぐる合法性といった社会的議論が十分に行われないままに開発されている。
　不適切な画像があれば削除するという手続きは，一般的にいう「オプトアウト（ある条件の取り扱いについて，事前に該当者の同意を必要とする仕組みがオプトイン，事前の同意を必要としないが，該当者が取り扱いに不満を表明すれば，事後的に解除できる仕組みがオプトアウト）」だが，この場合，あまりに強引だと言えるだろう。
　だれでも街路の写真を撮ることはよくあるし，背景として人が写っていても，とくに断ることはない。まさに公道だからである。しかし人が中心の写真なら，盗撮は別にして，了解を得るのが普通だ。ストリートビューにはこのような社会的配慮がまるでない。
　デジタル情報化が進めば進むほど，この種の問題は増えてくる。情報社会においてさまざまな便益を享受するためには，個人情報に対する考え方をよりオープンなものに変えざるを得ない面もあるだろう。プライバシーのあり方そのものをあらためて考え直す必要もある（『サイバーリテラシー概論』第1章「IT社会のリテラシー」p. 9参照）。だからこそ，この辺をめぐる社会的合意が必要なのだが，そのことに対する認

1 「総メディア社会」とは　9

メディア業界への参入

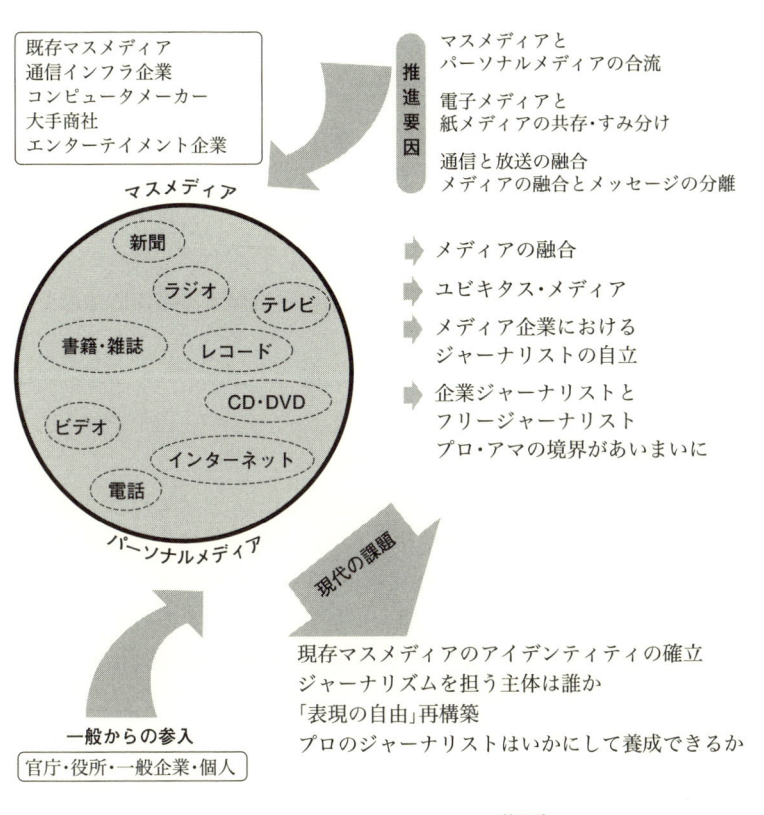

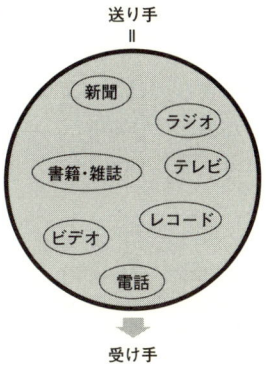

既存マスメディア
通信インフラ企業
コンピュータメーカー
大手商社
エンターテイメント企業

推進要因
- マスメディアとパーソナルメディアの合流
- 電子メディアと紙メディアの共存・すみ分け
- 通信と放送の融合
- メディアの融合とメッセージの分離

マスメディア
（新聞／ラジオ／テレビ／書籍・雑誌／レコード／CD・DVD／ビデオ／インターネット／電話）
パーソナルメディア

- メディアの融合
- ユビキタス・メディア
- メディア企業におけるジャーナリストの自立
- 企業ジャーナリストとフリージャーナリスト　プロ・アマの境界があいまいに

現代の課題
現存マスメディアのアイデンティティの確立
ジャーナリズムを担う主体は誰か
「表現の自由」再構築
プロのジャーナリストはいかにして養成できるか

一般からの参入
官庁・役所・一般企業・個人

送り手
＝
（新聞／ラジオ／テレビ／書籍・雑誌／レコード／ビデオ／電話）
受け手

図1　「総メディア社会」の構図（右下に小さくあるのが従来の構図）

「総メディア社会」の特徴

　総メディア社会の特徴は以下の通りである。これについては，『サイバーリテラシー概論』で説明しているので[5]，骨子だけを上げておこう。

① すべての組織，人が「表現の自由」を行使する具体的手段を得た
② メディアの融合とメディア企業の融合
③ メッセージとメディアの分離
④ 既存マスメディアの変質

　情報のデジタル化により，マスメディアの時代はすでに終わりつつあり，代わって出現したのがマスメディアとパーソナルメディア（電子メディア）が錯綜する「総メディア社会」である。それを図示したのが前ページの「『総メディア社会』の構図」である。
　この図はいまなお有効で，とくに「総メディア社会」における「表現の自由」や「ジャーナリズム」について考えるとき念頭においておくべきものだが，一方で，その後のメディア産業の激変は，この構図を大きく変えている（p.21の「『総メディア社会』の進展」図参照）。
　そこで顕著なのはメディア企業そのものの変容であり，中でも特筆すべきなのが，伝統的マスメディアの退潮ぶりである。メディアの受け手であり，同時に送り手（発信者）でもある国民の関心もま

識が，グーグルのみならず，社会的に希薄である。
　東京都町田市議会は2008年10月，このサービスに関して意見書を採択，①住宅街の画像については，公開の適否について国民に意見を聞いた上で，事業者に対して指導する，②個人や自宅などを無許可で撮影し，無断で公開する行為を都道府県迷惑防止条例上の迷惑行為として加えることを検討する，③必要に応じて法整備を行う，などを国に求めたが，他の地方自治体にも同じような動きが広がっている。
　5）『サイバーリテラシー概論』（第22章, p.165）

た，マスメディアからパーソナルメディアへと大きく比重を移している。

すなわち，送り手の側から見ても，受け手の側から見ても，民主主義社会の健全な発展のために重要だとされる「表現の自由」や，その代表的活動である「ジャーナリズム」への関心が著しく低下している。自己のアイデンティティを喪失したマスメディア自身のジャーナリズムへの関心もまた急速に衰えていると言えよう。

本書のテーマは，このような状況下における「表現の自由」や「ジャーナリズム」のあり方を探り，それらの活動をどうすれば維持，発展できるかを考えることである。

本論に入る前に，現下のメディア企業，および人びとの関心のありようを見ておこう。

2
メディア企業も
人びとの関心も変化

　アメリカの広告雑誌,『アドバタイジング・エイジ』が発表した2007年の「メディア企業100」社のうち,上位15社までを掲げておこう。何をもってメディア企業とするかはかならずしもはっきりしないが,この表からは以下の点が明らかである。

表3　米メディア企業ベスト15（2007年）　　(100万ドル)

	メディア企業	2007	新聞	雑誌	デジタル	映画&ホームエンターテイメント	テレビ	ケーブルネットワーク	ケーブルシステム/衛星
1	タイムワーナー	35,629	0	3,600	3,764	3,266	47	7,197	14,747
2	コムキャスト	26,939	0	0	0	0	0	1,314	25,625
3	ウォルト・ディズニー	17,489	0	392	0	2,761	5,296	7,791	0
4	ニューズ	15,695	1,499	0	642	2,915	4,911	4,182	0
5	ディレクTV	15,527	0	0	0	0	0	0	15,527
6	NBC	12,161	0	0	0	2,000	4,994	3,417	0
7	CBS	12,051	0	0	311	162	6,216	1,145	0
8	コックス	11,899	1,400	0	918	0	670	166	8,300
9	ディッシュ・ネットワーク	10,728	0	0	0	0	0	0	10,728
10	バイアコム	9,490	0	50	0	2,621	0	5,912	0
11	アドバンス・パブリケーションズ	8,096	2,073	3,882	0	0	0	0	2,141
12	グーグル	6,017	0	0	6,017	0	0	0	0
13	ATT	5,851	0	0	0	0	0	0	0
14	ガネット	5,779	4,618	371	0	0	789	0	0
15	ケーブルビジョン・システムズ	5,733	409	0	0	0	0	1,138	4,187

出典）アドバタイジング・エイジ

メディア企業はコングロマリット化

　①　現在のメディア企業は新聞,雑誌,映画,テレビ,ケーブルネットワーク（ケーブルTV）,ケーブルシステムや衛星などのインフラ,そしてデジタルと多くのジャンルにわたって事業展開している。メディアのコングロマリット化（media conglomerate）と呼

表4　ジャンルによる内訳比率　(%)

	2007年		1996年
新聞	10.4	新聞	25.6
雑誌	6.4	雑誌	15.8
デジタル	7.9	デジタル	
映画	6.1	映画	
TV	10.6	TV＆ラジオ	23.1
ラジオ	3.7		
ケーブルネットワーク	13.4	ケーブルTV	27.7
ケーブルシステム／衛星	31		
その他	10.6	その他	7.8
合　計	100.1	合　計	100

＊）1996年には映画が含まれていない。デジタルはまだ考慮されていない。

ばれる現象である。

②　100社の総売り上げは約2990億ドルで前年比4.9％増である。ジャンルによる内訳比率では，新聞が10.4％，テレビが10.6％。ケーブルTVの設備関係が31.0％でかなり高くなっている。参考のために1996年のデータも上げておく。

　1996年当時は新聞，雑誌，テレビ（ラジオを含む）の伝統メディアが主流で，映画をメディア企業には入れていない。デジタルはまだ考慮されておらず，この表だけからも，メディア企業の枠組みそのものが揺れていることがよくわかる。

③　15社の中では，マードック率いるニューズ，そしてコックス，アドバンス・パブリケーションズ，ガネットが新聞事業も行っているが，新聞がメインなのはガネットだけである。しかもガネットの売り上げは対前年比で6.9％減である。ちなみにニューヨーク・タイムズが29億5400万ドルで23位，ワシントン・ポストが21億4500万ドルで27位に入っているが，それぞれ前年比10.2％減，3.4％減である。新聞がメインの企業の衰退ぶりが明らかと言えよう。

④　グーグルが60億1700万ドルで12位につけているのは注目される。当然ながらデジタル部門だけの売り上げで，しかも対前年比

47.3％の増加である。1996年にはデジタルのジャンルなどなかったことを考えると，驚異的な伸びと言える。ちなみにヤフーは38億3900万ドルで20位に入っている。

「マスメディア」の時代の終わり

同じ「アドバタイジング・エイジ」社データの1996年，1980年のそれぞれベスト15企業を上げておこう。

1980年にはタイム，ガネット，ハースト，ナイトリッダー，トリビューン，ニューヨーク・タイムズ，ワシントン・ポストなどの新聞，雑誌企業が顔を出していたのを見ると，まさに昔日の感に打たれる。これらの企業も激しいM&A（合併・買収）の波に洗われているが，変化の節目が，2000年初頭のアメリカオンラインとタイム

表5　1996年と1980年のベスト15

	1996年	総売上	1980年	総売上
1	Time Warner	11,851	American Broadcasting Cos.	2,205
2	Walt Disney Co.	6,556	CBS Inc.	2,001
3	Tele-Communications Inc.	5,954	RCA Corp.	1,522
4	NBC TV (General Electric Co.)	5,230	Time Inc.	1,349
5	CBS Corp.	4,334	S.I. Newhouse & Sons	1,250
6	Gannett Co.	4,214	Gannett Co.	1,195
7	News Corp.	4,005	Times Mirror Co.	1,128
8	Advance Publications	3,385	Hearst Corp.	1,100
9	Cox Enterprises	3,075	Knight-Ridder Newspapers	1,099
10	Knight-Ridder	2,852	Tribune Co.	1,049
11	New York Times Co.	2,615	New York Times Co.	679
12	Hearst Corp.	2,568	Washington Post Co.	647
13	Viacom	2,404	McGraw-Hill	645
14	Times Mirror Co.	2,321	Triangle Publications	560
15	Tribune Co.	2,106	E.W. Scripps Co.	515

ワーナーの合併構想だったことは間違いない。

「メディア企業」のあり方が様変わりし，売り上げは桁違いに増えたが，こういった合従連衡の動きが既存マスメディア，およびそのジャーナリズム精神を脅かし，同時に社会全体のジャーナリズム機能を低下させているのである。

日本の変化はアメリカほど激しくはないが，趨勢は同じで，2005年のライブドアによる日本放送株取得，その後の楽天のTBSへの資本参加など，同じような動きはすでに出ている[6]。

ちなみに，第Ⅱ部の出版のところで示した「主な出版社の売上高」一覧[7]を見ると，伝統的な出版企業に比べて，リクルートとベネッセの売り上げがダントツに大きい。リクルートは就職・転職・不動産など多角的な事業展開をしているし，ベネッセは育児，受験など出版を足場に関連分野に事業を広げている。これもまたメディア・コングロマリット化の反映と言えるだろう。

メディア企業が「マスメディア」であった時代は，過去のものと断言していい。

IT企業は「新たなメディア企業」

朝日新聞総合研究センターに在籍していた1998年，当時日本でも勃興しつつあったオンライン上の情報発信の現場を取材したことがある[8]。パソコン通信からはじまって，検索サービス，プロバイダー，電子メール，ウエブマガジン，さらには個人による情報発信まで，さまざまなジャンルの人たちに会ったが，個人ジャーナリズムに取り組んだり，ウエブマガジンを編集したりしている人以外は，自分たちがやっている情報発信活動を「メディア」と位置づけてい

6） 楽天は2009年3月31日，TBSとの資本業務提携を断念，保有株をTBSに売却することを決めた。
7） 本書p.67参照。
8） 矢野直明「メディアとしてのホームページ―オンライン上の情報発信を読み解く」(『朝日総研リポート』1998.6号)

なかった。ここには，メディア企業は主として取材，報道などのジャーナリズム活動に携わる，いわゆるマスメディアだという考えが浸透しており，ただ情報を伝達するような仕事はメディアとは無関係だという認識が反映されていた。いまやその IT 企業こそメディアの雄になりつつある。IT 企業がメディアとして意識されるようになる節目は，インターネット上で「ポータル競争」が繰り広げられた1995年ごろである。

　前年の1994年に検索サイト，ヤフーが誕生している。インターネットにアクセスする人は必ずといっていいほど検索サービスを利用するので，検索サイトは人気サイトになり，そのアクセス数の多さを生かして広告を集め，新手のビジネスとして成長し始めた。そして，ユーザー・サービスのため，あるいはさらに人気を高めるために，ニュースやエンターテイメントなどの情報も提供するようになった。

　ヤフー創立者の１人，ジェリー・ヤンは当時，「ヤフーは単なる検索サービスではなくメディアである」と言い切っている。ウエブサイトが突如として「メディア企業」へと転身をはじめたのである。マイクロソフトやネットスケープなどのブラウザー企業もまた，ブラウザーの初期設定でユーザーを自社のホームページに誘導できる有利な地位を利用して，さまざまな情報の提供をはじめた。

　こうして立ち上がったのがポータル (portal) サイト，略して「ポータル」である。ポータルとは表玄関，入口の意味で，もともとは利用者がインターネットに接続するとき最初にアクセスするサイトをポータルサイトと呼んだが，その地位獲得をめざして，検索サービスやブラウザー企業，ネットワーク・サービス，さらにはエンターテイメント企業，各種の情報産業，コンピュータ・メーカーなどがしのぎを削る熾烈な「ポータル競争」が繰り広げられた。そして，多くの利用者を囲い込める態勢を確立したサイトそのものがポータルと呼ばれるようになった。

　ポータルサイトは，以下の特徴を備えていた。①ナビゲーション機能＝ネットサーフィンやめざす情報を入手するための検索システム。②コンテンツの拡充＝ニュース，株価情報，天気予報，旅行，

進学・就職，スポーツ，映画などの各種の情報提供や，ゲーム，ソフト，音楽などのソフトウエア作品のダウンロード・サービス。③コミュニティづくり＝アクセスしてくれた利用者をなるべく長い時間，自社関連サイトに囲い込むための無料の電子メール，掲示板，チャットなどの提供。④エレクトロニック・コマース＝オンライン・ショッピング，バンキングなど。

　利用者がネットサーフィンの起点として，特定のポータルを決め，毎日アクセスしてくれる。そこで自分あての電子メールを確認，ニュース，天気予報，好きなスポーツの試合結果などを点検，時にはチャットも楽しんで，最後には買い物をしてくれれば申し分ない。ポータルは単なる情報基地にとどまらない，生活センター的な役割まで担いはじめた。

　グーグルの躍進で検索機能がより強力になるにつれ，ポータルサイトとしてのまとまりは薄れてきたが，これらのIT企業群が運営するサイトがいまや強大なメディアであることを疑う人はいない。これらはパーソナルメディアの範疇を逸脱するような大規模電子メディアでもあるが，マスメディアのように多くの人びとに一挙に働きかけるのではなく，個人一人ひとりに，まさにパーソナルに働きかける点では，マスメディアというよりパーソナルメディアと言えよう。

　AOLとタイムワーナーの対等合併は，パーソナルメディアとマスメディアが合体して巨大な「新たなメディア企業」が誕生する狼煙だった。

人びとのメディア接触態度も変化

　メディア環境が変わるにつれて，人びとのメディアへの接触態度にも大きな変化が起こっている。若い人ほど，マスメディアからパーソナルメディア，電子メディアへとシフトしており，これは，先に述べたメディア企業の変化とも大きく関係している。

　各種のメディア接触度調査によれば，新聞や出版，放送など既存

出典）平成17年版『情報通信白書』

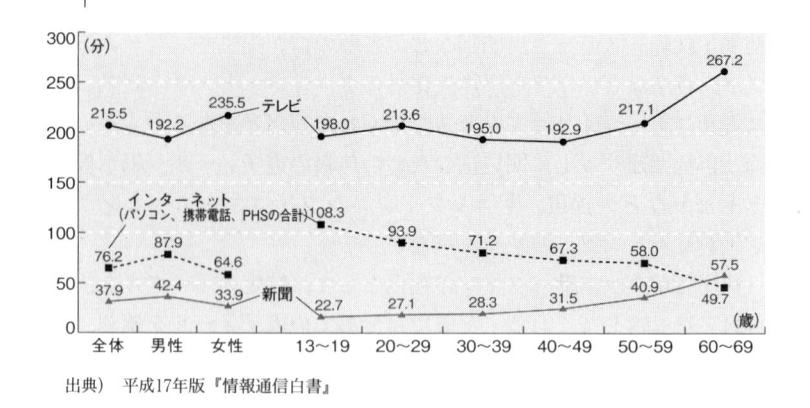

図2　1日当たりメディア利用時間

　マスメディアに対する若者の離反が明らかである。この点については，第Ⅱ部でもふれるが，ここでいくつかの数字を上げておこう。
　図2は，『情報通信白書』平成17年版の「性別・世代別1日当たり平均メディア利用時間」である。テレビと新聞は高年齢になるほどよく利用され，逆にインターネットは若者によく利用されているという対照的な傾向がよく表れている。
　図3は，平成20年版の『情報通信白書』のものである。2008年3月に，ここ2〜3年間のメディア利用頻度の変化を聞いたところ「変わらない」との回答が多かったというが，その増減の回答に注目して，「増えた」との回答の割合から「減った」との回答の割合を引いた値が示されている。
　全体として，テレビが5.1ポイント上がっているが，新聞は0.3ポイント，雑誌・書籍は11.2ポイント，ラジオは17.4ポイント，それぞれ減っている。変わって増えたのがパソコン（41.5ポイント），携帯電話（21.4ポイント）である。この傾向は，若年層になるとより一層鮮明になり，テレビも8.2ポイント減り，新聞は4.1，雑誌・書籍は2.1，ラジオ29.2ポイントの減少である。雑誌・書籍の減少率は小さい。パソコンや携帯電話の増加率は抜群に高い。
　おしなべて，人びとの関心がマスメディアから離れ，情報行動の中心をパーソナルメディア，電子メディアへと移しているのがはっ

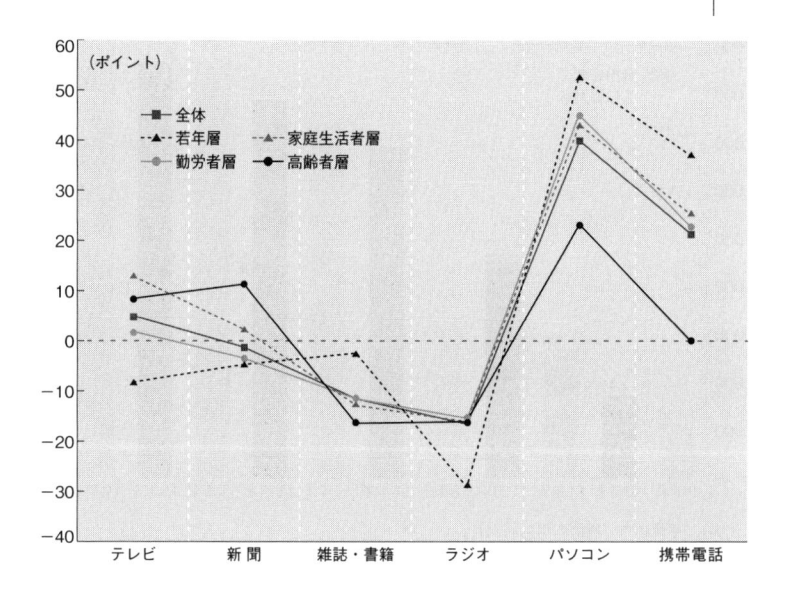

	テレビ	新聞	雑誌・書籍	ラジオ	パソコン	携帯電話
全　体	5.1	−0.3	−11.2	−17.4	41.5	21.4
若年層	−8.2	−4.1	−2.1	−29.2	53.1	38.8
勤労者層	1.9	−2.5	−10.2	−16.8	45.4	22.4
家庭生活者層	12.3	3.0	−12.4	−16.4	43.9	26.4
高齢者層	9.1	1.8	−16.3	−15.0	−23.0	0.0

出典）　平成20年版『情報通信白書』

図3　メディア利用頻度の変化

きり示されている。

　1日24時間という全体の時間枠は変わらず，人びとが情報活動に費やす時間も限られている以上，インターネットの普及で既存マスメディアへの接触時間が減るのはむしろ当然である。図4に，2008年4月発表の「平成19年通信利用動向調査」から「インターネット利用者数と普及率」を上げておいた。

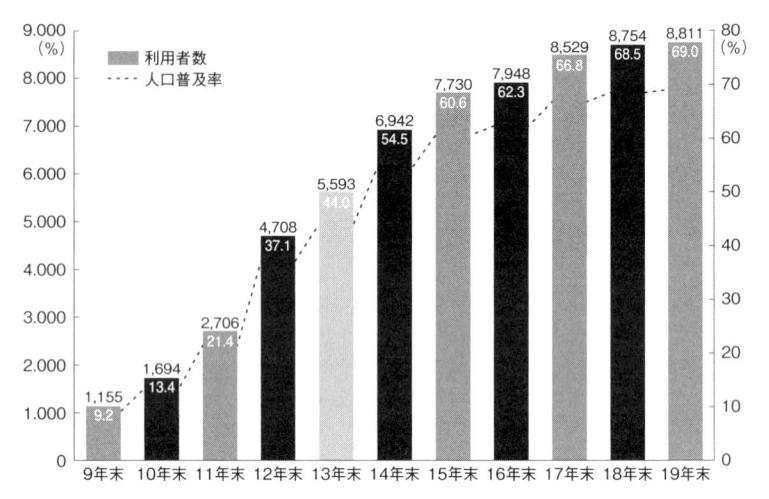

出典) 平成19年『通信利用動向調査』

図4 インターネット利用者数及び人口普及率の推移（個人）

本書の意図

　メディア企業におけるマスメディアの比重が著しく低くなっているばかりか，人びとの関心の面から見ても，マスメディアは影が薄くなっている。これが「総メディア社会」の現実である。
　これを受けて，先に上げたメディア地図を書き換えると，図5のようになる。
　「総メディア社会」の一方に，パーソナルメディア（電子メディア）を内に抱えた「新たなメディア企業」があり，他方に個人が情報発信するパーソナルメディアがある。Web2.0の1つのキャッチフレーズが「ユーザーの積極的参加」だったように，企業と個人の境界もまた限りなくあいまいである。かつてのマスメディアは，巨大メディア企業の一角を占めるに過ぎない。これが総メディア社会の進展した姿である。
　この図を見ただけで，総メディア社会における「表現の自由」と

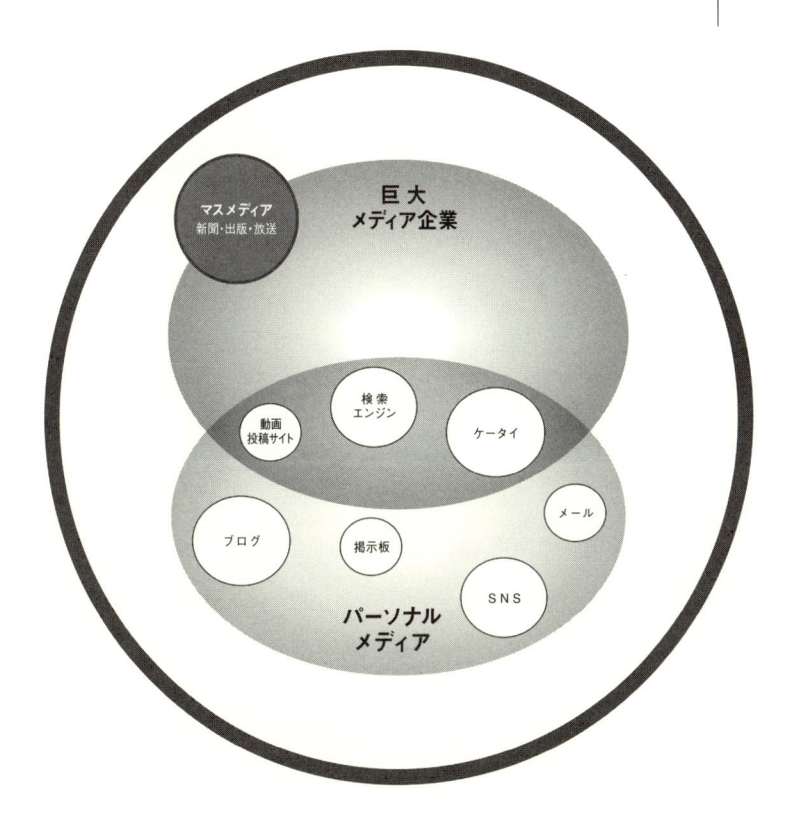

図5 「総メディア社会」の進展

「ジャーナリズム」の置かれた状況は十分想像できるだろう。簡単に言ってしまえば，新しいメディア企業が提供するのは，ジャーナリズムのような社会的関心の強い情報ではなく，ビジネスのための，おもしろくてためになる実用情報であり，人びとの関心もまたそちらに大きくなびいている[9]。本書の意図は，現代における「表現の

---

9) 堀江貴文ライブドア元社長の「ジャーナリズム不要論」はその典型である。ライブドアによる日本放送株取得などが話題になっていた2005年当時，堀江社長は「自宅で新聞を取っていないし，取る必要もない。情報はケータイとインターネットのサイトですべて探せる。一次的な情報を競争して提供する時代はすでに終わった。（マスメディアの人たちが考える）ジャーナリズムは，インターネット以前の話で，今ではインターネット上にいろんな意見がある。それを並行して見て行けば，自分の考えを形成できる。情報の価値判断はユーザーがすればいい」と語っている（毎日新聞2005

自由」と「ジャーナリズム」のあり方を問い直すことである。

―――――――
年3月5日朝刊)。
　新聞は，たとえて言えば，前日，あるいは当日のさまざまな情報（ニュース）を一定の価値判断のもとに取捨選択し，それを限られた紙面に編集して，読者に提供している。紙面というスペースの制約も，締め切りといった時間的制約もある。しかし，ウエブはスペースがほぼ無限大だし，時間的にもいつでも更新できる。ユーザーが関心のあるニュースだけを集めるカスタマイズ機能もある。だから新聞はもはやいらない，と堀江社長は言ったわけである。旧来のジャーナリズムが若者たちに魅力的に写らなくなっている事情も反映しているだろう。著者の間では，「ジャーナリズム」という言葉がすでに「死語化」しつつある。

第 II 部

既存マスメディアの歩みと現在

既存マスメディアはどのように発達し，どういう社会的役割を果たしてきたのか。これら企業は情報のデジタル化によってどのような試練を受けているのか。それを考察することが，総メディア社会のあり方に大きな示唆を与えると同時に，伝統的メディア自体がそこで生き残る道も照らし出してくれるだろう。

3
新聞という
メディア

　新聞 (newspaper, paper, the press) は，私たちの生活と密接に結びついている代表的なマスメディアである。字義通りに解釈すれば，「新しく聞いた話」，「新しい話題」だが，幕末に中国から「新聞」，「新聞紙」がnewspaperの訳語として取り入れられたらしい（小学館『日本国語大辞典』）。

日本の新聞

　日本ではじめての新聞は「官板バタビヤ新聞」である。幕末の1862年にジャワのオランダ新聞を翻訳して発行された。和紙を綴じたもので，新聞という名の書物だった。邦字紙第1号は1865年にジョセフ・ヒコ（浜田彦蔵）によって横浜で発行された「海外新聞」である[1]。最初の日刊紙は「横浜毎日新聞」で1870（明治3）年の発行。1872年に東京日日新聞（毎日新聞の前身），郵便報知新聞（報知新聞の前身）が発行されている。

　大新聞と小新聞●　明治の自由民権運動の高揚にあわせて自由党，改進党など政党の機関紙的色彩の強い政論新聞が次々に生まれた。政府は批判的言論を封じるために「讒謗律」，「新聞紙条例」，「出版条例」などを制定して，検閲制度や発行許可制度で取り締まった。
　インテリ層を相手にした漢文調のこれら「大（おお）新聞」とは

　1）　ジョセフ・ヒコは播磨（現兵庫県）の人。幕末に若くして海難にあいアメリカ船に救助されて渡米，アメリカで教育を受けた。その後，アメリカ領事の通訳として来日し活躍した。なお，同じように幕末に活躍したジョン万次郎（中浜万次郎）は土佐の漁師。漁に出て遭難，やはりアメリカの捕鯨船に助けられて渡米，教育を受けて帰国後に通訳などとして活躍した。

別に，一般庶民向けに通俗的な社会ダネを扱った「小（こ）新聞」が，ひらがなや，るびつき漢字表記で発行された。「読売新聞」(1874年)，大阪の「朝日新聞」(1879年)，「東京朝日新聞」(1888年，このとき「朝日新聞」は「大阪朝日新聞」と改称) などで，いまの大手紙は小新聞が発達したものである。これとは別に，福沢諭吉の「時事新報」(1882)[2]，陸羯南の「日本」(1889)，徳富蘇峰の「国民新聞」(1890) など独立系の新聞も発行された。

ニュース本位と商業主義●　ニュース本位と商業主義という日本の新聞の原型が出来たのは1890年ごろである。日清戦争，日露戦争を通じて，新聞は部数を伸ばしていく。

黒岩涙香「萬朝報」(1892)[3]。

秋山定輔「二六新報」(1893)。

堺利彦（枯川）・幸徳秋水「平民新聞」(1903)[4]。

大正デモクラシーと軍政下の新聞●　新聞は大正デモクラシーの中心的役割を担いつつ，山本権兵衛内閣を退陣に追い込むなど，その地位を高めるが，政府による言論弾圧の動きとともに軌道修正，「不偏不党」を看板に掲げるようになる。株式会社化も進み，1924（大正13）年，「大阪朝日」，「大阪毎日」の両紙はともに部数100万部を突破した。

日本が第二次世界大戦へと突き進む1930年代以降，新聞もまた軍

---

2) 福沢諭吉は慶応義塾大学創立者で，「学問のすすめ」，「福翁自伝」などの著者。「時事新報」は不偏不党，官民調和などを標榜し，中立派の政論紙として高い評価を得た。また経済記事の充実と広告産業振興の啓蒙でも知られ，実業家層を中心に部数を伸ばした。

3) 萬朝報には「よろず重宝」をかけている。黒岩涙香は，欧米の名作を独特のタイトルで翻訳したことでも有名。原作を読んで筋を頭に入れた上で一から書き起こし「翻案小説」と言われた。ヴィクトル・ユーゴー『レ・ミゼラブル』→『ああ無情』。アレクサンドル・デュマ『モンテクリスト伯』→『岩窟王』。萬朝報は，有名人無名人の愛人関係を実名，住所，職業入りで暴露した連載なども行った（「弊風一斑蓄妾の実例」）。

4) 最初は週刊，タブロイド版。一度廃刊し，後に日刊。日露戦争に際して，多くの新聞が主戦論を展開する中で，非戦論，平和論を貫いた。

国体制に組み込まれていく。

「国民と共に立たん」と「レッドパージ」● 敗戦とともに，連合国軍総司令部（GHQ）下で民主化が進み，戦争を防げなかったのみならず，戦意高揚に走った戦前の新聞への反省のもとに，新たな再出発を誓った（「国民と共に立たん」[5]。朝日新聞が一面に掲載，1945.11.7）。

新聞社内でも組合が結成され，各地で労働争議が頻発したが，朝鮮戦争を機に東西冷戦が顕在化すると，GHQが政策転換，共産党系記者への「レッドパージ」も起こった。

60年安保と7社共同宣言● 戦後最大の国民的闘争となった1960年の安保闘争では，6月15日，国会周辺で学生と機動隊が衝突，女子学生1人が死亡，300人以上が負傷した。この直後に在京新聞社7社は共同で「暴力を排し議会主義を守れ」と題する共同宣言を掲げた[6]。この宣言は，国民の間に盛り上がっていた，安保改定を

5） 宣言
國民と共に立たん
本社，新陣容で「建設」へ

支那事變勃発以来，大東亜戦争終結にいたるまで，朝日新聞の果たしたる重要なる役割にかんがみ，我等ここに責任を國民の前に明らかにするとともに，新たなる機構と陣容とをもつて，新日本建設に全力を傾倒せんことを期するものである

今回村山社長，上野取締役会長以下全重役，および編集総長，同局長，論説両主幹が総辞職するに至つたのは，開戦より戦時中を通じ，幾多の制約があつたとはいへ，眞実の報道，厳正なる批判の重責を十分に果たしえず，またこの制約打破に微力，つひに敗戦にいたり，國民をして事態の進展に無知なるまゝ今日の窮境に陥（おちい）らしめた罪を天下に謝せんがためである

今後の朝日新聞は，全従業員の総意を基調として運営さるべく，常に國民とともに立ち，その聲を聲とするであらう，いまや狂瀾怒涛の秋，日本民主主義の確立途上來るべき諸々の困難に対し，朝日新聞はあくまで國民の機関たることをこゝに宣言するものである

朝日新聞社

6） 共同宣言
暴力を排し
議会主義を守れ

六月十五日夜の国会内外における流血事件は，その事の依つてきたる所以を別として，議会主義を危機に陥れる痛恨事であつた。われわれは，日本の将来に対して，今

強行採決した岸内閣への退陣要求に水を差し，新聞の体制内化が批判された。このころから，新聞はジャーナリズム重視からエンターテイメント重視へと舵を切りはじめ，その規模拡大とあいまって，「マスコミ」という言葉が定着する。

タブロイド紙創刊●　日本の新聞は大きな判型で，一戸ごとに配達される戸別配達制度で部数を増やしてきたが，1969年には都市の通勤サラリーマンを対象に駅のスタンドで売る小型のタブロイド版夕刊紙『夕刊フジ』が，続いて1975年には『日刊ゲンダイ』が創刊された。

テレビ広告費，新聞を抜く（1975）●　メディアの主役が新聞からテレビへと移った象徴的な年である[7]。

日ほど，深い憂慮をもつことはない。

　民主主義は言論をもって争わるべきものである。その理由のいかんを問わず，またいかなる政治的難局に立とうと，暴力を用いて事を運ばんとすることは，断じて許さるべきではない。一たび暴力を是認するが如き社会的風潮が一般化すれば，民主主義は死滅し，日本の国家的存立を危うくする重大事態になるものと信ずる。

　よって何よりも当面の重大責任をもつ政府が，早急に全力を傾けて事態収拾の実をあげるべきことは言うをまたない。政府はこの点で国民の良識に応える決意を表明すべきである。同時にまた，目下の混乱せる事態の一半の原因が国会機能の停止にもあることに思いを致し，社会，民社の両党においても，この際，これまでの争点をしばらく投げ捨て，率先して国会に帰り，その正常化による事態の収拾に協力することは，国民の望むところと信ずる。

　ここにわれわれは，政府与党と野党が，国民の熱望に応え，議会主義を守るという一点に一致し，今日国民が抱く常ならざる憂慮を除き去ることを心から訴えるものである。

　昭和三十五年六月十七日
　　　産経新聞社　東京新聞社　東京タイムズ新聞社　日本経済新聞社
　　　毎日新聞社　読売新聞社　朝日新聞社

　7）　私が朝日新聞に入社したのは1966年，まだ景気の良かったころである。新聞記者は部数のことなどいっさい気にせず，「とにかく特種を書け」，「いい記事を書け」と言われた。西部本社整理部にいたころ，整理部長が「今までは部長は紙面のことさえ考えていればよかったが，このごろは売れ行きのこととか広告のことも考えろ，と上から言われるようになった」とこぼしていたのを思い出す。

表6　現在の主な日刊新聞と発行部数

全国紙	讀賣新聞	朝刊部数	約1000万部
	朝日新聞	朝刊部数	約800万部
	毎日新聞	朝刊部数	約400万部
	産経新聞	朝刊部数	約200万部
	日本経済新聞	朝刊部数	約300万部
ブロック紙	北海道新聞／河北新報／東京新聞／		
	中日新聞／中国新聞／西日本新聞		
地方紙			
スポーツ紙			

海外の新聞

　新聞のはじまりとしては，古くは紀元前にローマ帝国のジュリアス・シーザーが手書き新聞をローマ政庁前に張り出したものとか，中国・唐時代（7～10世紀）に官庁文書を公布した「邸報」などがあるが，近代の新聞は17世紀のヨーロッパで生まれた。

　定期的に発行される新聞は，ヨーロッパの商業貿易圏が拡大した17世紀に，本社―出先間のビジネス情報を伝えるニューズ・レターや商用パンフレットが発達した形で成立し，まもなくアメリカ新大陸にも波及する。

　欧米の新聞では，高級紙とタブロイド版の大衆紙の区別がはっきりしており，高級紙の部数はきわめて少ない（日本の新聞の大部数が際立っている）。アメリカの大衆紙，USAトゥデイの200万部強やドイツのタブロイド版大衆紙ビルトが300万部以上で目立つが，新聞の雄ともいえるアメリカのニューヨーク・タイムズで100余万部，イギリスのザ・タイムズやガーディアン，ドイツのフランクフルター・アルゲマイネ・ツァイトゥング，フランスのフィガロ，ル・モンドなど，いずれも30万部から40万部である。

　新聞の部数減は日本だけでなく，世界的な趨勢で，ウォールストリート・ジャーナルによると，アメリカの日刊紙部数のピークは1984年で，2003年にはその87％まで落ち込んだ。またその間にアメ

表7　海外の主な日刊紙と部数

米	ニューヨーク・タイムズ	110万部弱
	ワシントン・ポスト	約70万部
	ウォールストリート・ジャーナル	210万部弱
	USAトゥデイ	230万部弱
英	ザ・タイムズ	50万部弱
	ガーディアン	約35万部
独	ツァイトゥング	約35万部
	南ドイツ新聞	45万部弱
仏	フィガロ	35万部弱
	ル・モンド	約35万部

（数字はいずれも2008年7月現在，ウエブなどのデータによる）

リカのGDPは161％も上昇しているのに，新聞広告はほとんど伸びなかった[8]。

日本の新聞部数の推移

　日本の新聞は，販売店網を全国に張り巡らし，各戸ごとに戸別配達するきめ細かなサービスで部数を伸ばしてきた。朝起きて，新聞受けに新聞を取りにいく，というのはつい最近までごく一般的な家庭風景だった。新聞休刊日だと何となく手持ち無沙汰だという年配の方もおられるだろう。
　表8に，日本新聞協会調べによる一般紙の最近の部数推移を示した。
　一般紙というのは，全国紙，ブロック紙，地方紙のことで，ここに掲げた部数は朝夕刊セットを1部と数えたもので，数字は各年10月時点。世帯数は各年3月末日現在の住民基本台帳によっている。
　新聞には朝刊と夕刊があるが，全国紙の場合，地方に行くと朝刊だけの場合もある。それは統合版と呼ばれ，朝刊に前日の夕刊の記

---

8) Newspaper Circulation Continues Decline, Forcing Tough Decisions, 2005. 5.2

事もあわせて掲載されている。もともと本社で一括して印刷していた関係で，遠方には朝夕刊を配る時間的余裕がなかったためだが，最近では，夕刊は必要ないからと，朝刊だけの読者も増えている。これは読者の「夕刊離れ」として早くから指摘されていた現象で，たとえば2008年の場合，セット紙を朝・夕刊別に数えると6,720万6,741部になる。

　この表で，新聞部数が漸減傾向にあることがわかる。夕刊単独部数は，これ以上に減少している。世帯数が増えているのに部数は減っているので，1世帯あたり部数も当然減っている。

　1世帯数あたり部数が1部を上回っているのは，1つには新聞の併読世帯があるため。かつては，多くの家庭が全国紙と地方紙を併読しており，全国的な話題は全国紙で，ローカルな話題，たとえば慶弔記事などは地方紙で，という読者もめずらしくなかった。

　もう一つの理由は，部数の中に企業や役所などの分が含まれているためである。大きな役所では，関連記事のスクラップなどをしているが，その対象記事は役所の部課などで違う。そこで全国紙，地方紙などをすべて取りつつ，それぞれの部数が何部にも何十部にもなる。だから世帯当たり部数が1を上回っているが，その数字がつ

表8　新聞部数の推移　　　　　　　（単位：部）

	合計	一般紙	世帯数	1世帯あたり部数
1997	53,765,074	47,262,982	45,498,173	1.18
1998	53,669,866	47,289,617	46,156,796	1.16
1999	53,757,281	47,464,599	46,811,712	1.15
2000	53,708,831	47,401669	47,419,905	1.13
2001	53,680,753	47,559,052	48,015,251	1.12
2002	53,198,444	47,390,027	48,637,789	1.09
2003	52,874,959	47,282,645	49,260,791	1.07
2004	53,021,564	47,469,987	49,837,731	1.06
2005	52,568,032	47,189,832	50,382081	1.04
2006	52,310,478	47,056,527	51,102,005	1.02
2007	52,028,671	46,963,136	51,713,048	1.01
2008	51,491,409	46,563,681	52,324,877	0.98

出典）　日本新聞協会 Web「新聞の発行部数と世帯数の推移」

いに2008年で1を切ってしまった。

　高度経済成長開始の年といわれる1955年の新聞の総発行部数は2239万部だった。その後，高度経済成長にともなう世帯増と戦後教育の普及に後押しされて部数を増やし，約40年後の1997年には，2.4倍にあたる5376万部を記録した。その後は漸減傾向に転じ，2008年の総発行部数は5149万部である。表に掲載したのはピークを超えた後の部数ということになる。

　多くの新聞社は1992年初めに値上げし，97年4月に消費税3％から5％への税率アップに連動してその分だけ値上げして以来，値上げできないでいる。これは新聞経営にとって，きわめて厳しい状況である。

若者を中心に新聞離れ

　日本新聞協会が実施した「2005年全国メディア接触・評価調査」によれば，約8割の人が新聞をほぼ毎日読み，7割近くの人が同じ新聞を10年以上購読している。新聞がいまなお人びとが接する中心的なメディアであることはたしかだが，一方で，若年層を中心に新聞を購読する人が急減している。

　それを如実に示しているのが，中央調査社による「世帯主年代別普及率」（図6）である。

　グラフをざっと見ただけで，新聞普及率にかげりが見え，しかも若年層では急激に減っていることがわかる。表9に5年ごとの数字を掲げておこう。

　全体の普及率（どれだけの家庭が新聞を取っているか）自体，確実に減っており，1987年に97％だったのが，2007年には88％である。50代，60代の世帯ではなお90％以上の人が購読しているが，40代から年代が低くなるほど減り，25〜29歳は49％，24歳以下は33％にすぎない。1987年には25〜29歳で94％，24歳以下でも85％が購読していたことを考えると，新聞は若者を中心にどんどん読まれなくなっている。

図6　世帯主年代別普及率

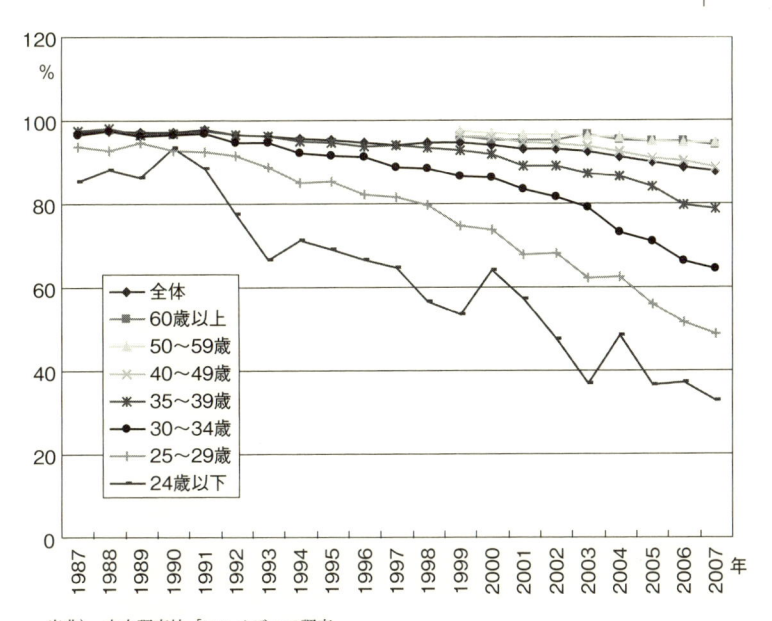

出典）中央調査社「マスメディア調査」

表9　世帯主年代別普及率（5年ごとの推移）

	1987	1992	1997	2002	2007
全体	97.2	96.7	94.2	93.0	87.8
60歳以上				95.2	94.1
50〜59歳				96.7	94.6
40〜49歳				94.5	88.9
35〜39歳	97.6	96.5	94.0	89.2	78.7
30〜34歳	96.6	94.7	88.8	81.6	64.4
25〜29歳	93.8	91.5	81.6	68.2	48.7
24歳以下	85.2	77.5	64.6	47.6	32.9

　若者の購読率は1990年ごろから急激に減少しており，以前の「若いうちは新聞を読まなくても，家庭を持ったり，職場での地位が上ったりすれば新聞をとるようになる」との"常識"もすでに通用しない。

たとえば1997年の24歳以下は，2002年ではほぼ25歳から29歳であり，2007年には30歳から34歳になっているはずだが，普及率の数字はそれぞれ64.6%，68.2%，64.4%とほとんど変わらず，年齢が上がれば読むようにはなっていない。2002年の24歳以下（47.6%）と2007年の25歳から29歳（48.7%）もほぼ同じである。

この推移通りだと，2012年の25歳から29歳における普及率は33%だが，ここに新たに購読をやめていく人が増えるのはもはや火を見るよりも明らかである。新聞の将来はなかなかに厳しい。

4
新聞の機能と
ニュース

「ジャーナリズムの雄」を自負してきた新聞を通して，ニュースと報道の実際を見ておこう。これは，すぐ後に述べる出版や放送など他のメディアとも大きく関係する。あわせて新聞という組織について解説する。

新聞の機能

新聞の機能を大別すると，次の4つである。
- ❶ 報道・解説
- ❷ 評論・意見
- ❸ 娯楽・エンターテイメント
- ❹ 広告

❶と❷はジャーナリズムと密接な関係にある。「ジャーナリズム (journalism)」という言葉は「日々の記録」を意味する「ジャーナル」から出ており，日々の出来事を認識し，表現し，公開する精神活動である。

1面からはじまって総合面，政治面，経済面，国際面，社会面と続く各面が主として「報道・解説」，社説や解説（オピニオン）面などが「評論・意見」，学芸，スポーツ，文化面などが「娯楽・エンターテイメント」である。

広告は，販売収入と並んで新聞産業を成り立たせている重要な収入源だが，広告自体が時代を示す一つの情報になっている。

新聞のジャーナリズムとしての役割は，
- ❶ 公正な報道。
- ❷ 1日という区切りの中で，昨日の世界はどのようなものだったかを整理（価値評価）して読者に提供する。
- ❸ 社会を束ねる。

ことにある。❷は記事の扱い（大きさ）に差をつけることによって、一定の認識の枠組みを提供することであり、❸は多元的な社会のまとめ役だと言えるだろう。共同通信編集局長もつとめた原寿雄は、『ジャーナリズムの可能性』で「よりよい社会を目指す、という理念がないものをジャーナリズムとは呼ばない。ジャーナリズムは理念のない情報流通業とは違う。単なる情報は、個人や個別の組織にとって有用でありさえすればよいが、ジャーナリズムには公共性の観点が必要な条件となる」と書いている[9]。

ニュースとは何か

新聞が報道する「ニュース」とは、私たちの公共生活に必要な社会性の強い情報を意味し、「新しさ」、「珍しさ」、「社会的影響の大きさ」などでその重要性が測られる。記事の要素としては５Ｗ１Ｈが必要である。

　Who（だれが）
　When（いつ）
　Where（どこで）
　What（何を）
　Why（なぜ）
　How（どのように）

ニュースには大別して次の３種類がある。

❶　事件の発生や物事の発表記事（発生もの）。
❷　当局がまだ発表していないものを他社に先んじて報道する（先取りもの）。
❸　放っておけば明らかにされないだろう権力側にとって都合の悪い事実を、独自の調査取材で報道する（調査報道　Investigative Report）。

民主主義社会の発展に寄与するジャーナリズムの重要な役割が権

9）　原寿雄『ジャーナリズムの可能性』(p. 194)

力監視であり，調査報道はその大事な活動と言えるだろう。

揺れる「記者クラブ」

　新聞の取材でよく話題になるのが「記者クラブ」である。国会，官庁，地方自治体，経済団体，労働組合など重要な取材対象には「記者クラブ」が設置され，記者はそこを拠点に取材活動を続けてきた。
　記者クラブには役所などから記者室や事務机，電話などの設備が提供されている。いわゆる「便宜供与」である。記者クラブは古くは明治時代の帝国議会取材までさかのぼり，最初のメンバーは新聞記者だけだったが，テレビの普及に伴い，NHKや民放の記者も仲間に加わり，後発の専門紙記者などが別の記者クラブを結成するようにもなった。だから中央官庁や県庁などではいくつもの記者クラブが並存する状態が生じている。
　記者クラブの提供を受けるメディア側の言い分は，メディアは国民の「知る権利」の負託を受けて「取材の自由」を行使しているのだから，官公庁がその便宜を図るのは当然だというものだが，多くのメディアが林立するようになると，フリージャーナリストや外国人記者，週刊誌記者などを排除した記者クラブの閉鎖性が問題にされるようになった。一方で，記者クラブにあぐらをかいて官庁の発表ものしか書かない取材態度や，出先の記者クラブで取材協定を結ぶことによる自由な取材制限などが，メディア内外から批判されるようになる。便宜供与に関しては，たとえば京都府が市民から「違法な公金の支出」だと訴訟を起こされた例もある（裁判では請求棄却）[10]。

　10）ニューヨーク・タイムズ東京支局記者などを経験したフリー・ジャーナリスト，上杉隆は記者クラブの閉鎖性や，そこに寄りかかった企業ジャーナリストの安易な取材態度を厳しく批判している（『ジャーナリズム崩壊』）。

「脱・記者クラブ」宣言と日本新聞協会の見解

　田中康夫・長野県知事は2001年5月，同県庁内にある3つの記者クラブが使用してきた記者室を6月末までに撤去し，代わりに「プレスセンター」を設置するという「脱・記者クラブ」宣言を発表した[11]。

　県庁という公の機関が一部メディアに記者室，電話などの施設を提供してきた慣例の見直しを迫ったもので，宣言は「その数，日本列島に八百有余とも言われる『記者クラブ』は，和を以て尊しと成す金融機関すら"護送船団方式"との決別を余儀なくされた21世紀に至るも，連綿と幅を利かす。それは本来，新聞社と通信社，放送局を構成員とする任意の親睦組織的側面を保ちながら，時として排他的な権益集団と化す可能性を拭い切れぬ」と始まり，「須く表現活動とは，一人ひとりの個人に立脚すべきなのだ。責任有る言論社会の，それは基本である」と述べている。

　それより前の1996年には鎌倉市の竹内謙市長が，「鎌倉記者会」を廃止し，代わりに「広報メディアセンター」を設置，新聞記者ばかりでなく，雑誌記者など市を取材するジャーナリストに幅広く門戸を開放している。

　こういった動きを受けて，日本新聞協会編集委員会は2002年1月，以下を主な内容とする「記者クラブに関する日本新聞協会編集委員会の見解」を発表した（2006年に一部手直しした）。

① 記者クラブは，公的機関などを継続的に取材するジャーナリストたちによって構成される「取材・報道のための自主的な組織」である。

② 記者クラブは，公権力の行使を監視するとともに，公的機関に真の情報公開を求めていく。

③ 開かれた記者クラブとするため，報道倫理を守り，一定の実

---

11) http://www.pref.nagano.jp/hisyo/press/kisha.htm

績をもったジャーナリストには門戸を開く。
④　記者クラブとスペースとしての記者室は別個のもので，記者室を記者クラブ加盟社のみが使う理由はない。記者室は公有財産の目的外使用に該当しないが，利用にともなう諸経費については応分の負担をする。

また記者クラブの機能・役割として，(1)公的情報の迅速・的確な報道，(2)公権力の監視と情報公開の促進，(3)誘拐報道協定など人命・人権にかかわる取材・報道上の調整，(4)市民からの情報提供の共同窓口，を上げている。

記者クラブの「揺れる実態」そのものが，もはやメディアの全体像は，マスメディアだけではなくパーソナルメディアも含めた総メディア社会全体として捉えるべきであることを示していると言えるだろう。

新聞社という組織

新聞社は「職種のデパート」と言われるぐらい，新聞に関連するあらゆる業務を自社のうちに抱えてきた。ここが出版社，取次，書店と，それぞれ別個の組織になっている出版業界と著しく違う。後に出てくる「縦割り」，「横割り」という考え方で言うと，新聞社は縦割り型，出版社は横割り型の組織である。

ニュース取材の第一線が編集部門，販売店網を掌握するのが販売部門，広告を集めるのが広告部門，実際の紙面をつくるのが製作部門，新聞を印刷し配送するのが工務部門である。さらに書籍，雑誌などを発行する出版部門を持っているところもある[12]。

12）　日本の新聞社や通信社は1950年代まで，離島や遠隔地の現場から本社に原稿を届けるために伝書鳩を使っていた。伝書鳩はたいてい屋上で飼われており，朝日，毎日，読売と全国紙の本社が集まっていた東京・有楽町の新聞街では，朝夕，各社が訓練のために鳩を放つ風景が一つの風物詩でもあった。

『朝日新聞社史（昭和戦後編）』によると，1961年4月，東京本社の伝書鳩200羽が民間の愛好家に引き取られ，5月1日付で東京本社通信鳩係が廃止された。鳩の長年にわたる活動を偲んで，62年に朝日新聞社屋屋上に朝倉響子作の2羽の鳩銅像が建てら

新聞社の要，編集部門である編集局は，政治，経済，社会，整理，通信，外報（国際），文化，学芸，スポーツなど各部に分かれている。政治部は国会や中央省庁を中心に担当，経済部は経済団体，社会部は警視庁，検察庁，裁判所，あるいは遊軍として街の話題を追いかける。整理部は，記事に見出しをつけたり，レイアウトしたりして，日々の紙面を編集する。通信部（地方部）は地方支局を管轄，外報部（国際部）はニューヨーク，ロンドン，パリ，北京，ソウル，バンコク，シドニーなど世界の主な都市に取材拠点を置いている。

記者は入社すると同時に，各都道府県の県庁所在地を中心に置かれた地方総局や支局で基本的な訓練を受け，数年後に各本社の専門部に移る。地方総局や支局はニュースを本社に送ると同時に，各地方版を作るが，記者養成機関の役割もしている[13]。

れた。現在でも元朝日新聞社ビル，マリオン14階にその銅像がある。1羽は背中に細い円柱の通信管を背負い，もう1羽は足に通信筒をつけている。
　記者から鳩係まで，すべてが自前の社員だったわけである。
　13）私自身が朝日新聞の新米記者時代に，支局で教えられたニュースに関する2つのエピソードを紹介しておこう。
　初任地の盛岡支局（現在の総局，以下同じ）に赴任する前の1か月，同期の新人3人といっしょに横浜支局で研修を受けた。各本社の拠点支局で新人研修をするのが当時のならわしだった。横浜支局長はすでに故人の小堀千代蔵という人だった。その小堀さんが無類の話好きで，しかも話が上手だった。横浜市内の婦人会に招かれて講演するときなど，私たち新人を連れていき，後ろの方で聞かせた。
　広島に原爆が投下された直後に，事情も分からないまま現地に赴き，大惨事の中で右往左往した大阪社会部の駆け出し時代，昭和電工事件での大野伴睦代議士逮捕をめぐる特ダネなど，今でも懐かしく思い出す。広島では，取材するよりも被災者の埋葬に明け暮れ，悪臭にたまらず，崩れ落ちた専売公社の倉庫からタバコを持ち出して，数本束ねて吸いながら作業を続けた，といった話をしながら，平和の尊さを訴える。その最後に，「ヘビースモーカーになったのが私の放射能後遺症」と聴衆を笑わせつつ，両切りのピースを青い缶から取り出して，いかにもおいしそうに吸った。
　ある日，支局長から，「ニュースとは何か」と聞かれた。うまく答えられないでいると，支局長は，「ニュースは時代の波頭がはねたものである」と，実にすっきりした答えを出した。感心した私は，このニュースの定義を大事にしようと心に決めたが，波頭がはねるのをそばで見ているだけというのがやや不満で，一人ひそかに，「ニュースは時代の波頭をはねたものである」と，記者の能動的姿勢を盛り込むべく一字を差し替え，以後，これを自分のニュースの定義にしてきた。
　入社3年目を迎える直前の1968年2月，佐世保支局に転勤になった。米原子力空母エンタープライズが佐世保を出港した直後だった。当時はベトナム戦争の真っただ中で，1970年の日米安全保障条約改定期を前に保革の対決機運が高まり，各地の大学では学生運動が高揚していた。エンタープライズ寄港をめぐっては，寄港に反対する野

新聞社は早くからスポーツ，音楽，演劇，絵画，教育など，さまざまな文化事業に取り組んでおり，夏の高校野球は朝日新聞，春の選抜高校野球は毎日新聞，正月の大学対抗箱根駅伝は読売新聞と，すっかり定着したものもある。

　全国紙は，東京本社，大阪本社，西部本社（九州・山口地方），名古屋本社と4本社体制をとってきた（別に北海道支社も）。これは新聞をなるべく早く各戸に届けるために，印刷部門を分散したためである。この4本社体制は，地域に密着した編集をするためにも好都合だった。

　だれでも身近なニュースほど関心が高い。東京の新聞，大阪の新聞，鹿児島に行く新聞，東北に配達される新聞では，同じ新聞社の新聞でも，扱っているニュースも少しずつ違うし，扱いも違う。東京では一面トップの記事が福岡に来る新聞では社会面の場合もあるし，もちろん逆の場合もある。プロ野球を例にとれば，大阪では阪神タイガース中心の紙面づくりになる。これを新聞社内部では「版どころ主義」と呼んでいる。

党，労働団体，学生らのデモと警備の機動隊が激しく衝突，市民も巻き込んだ大騒動が展開された。着任した時も，まだ街には余燼がくすぶっていた。

　私の着任以前，市内が学生と機動隊の衝突で騒然としていたころ，佐世保市内の外人バー街にあるホルモン焼き屋のおやじさんが支局に乗り込んできて，「朝日の記事は偏っとるばい」と言ったらしい。田中哲也支局長（これも故人）は「警察の警備は明らかに行きすぎ。もっと過剰警備を批判しなくてはいかんな」と合点したそうだが，実は，さにあらず，おやじさんは米空母歓迎一色の外人バー経営者たちの声を収録したテープを持ち込んで，「これが正しい市民の声たい」と言った。

　報道陣にまで殴りかかった警察の過剰警備を問題にする田中さんと，「三派全学連はけしからん」と息まくおやじさんは，議論しながら奇妙に意気投合し，たまたま居合わせた地元テレビの報道記者の発案もあり，そのホルモン焼き屋を舞台に，エンタープライズ寄港をめぐる賛成・反対両派を集めて，侃々諤々の安保論議を行うことになった。

　田中さんは，佐世保支局長時代に『佐世保からの証言』（三省堂新書），その後の宮崎支局長時代にも『鉱毒・土呂久事件』（三省堂選書）を出版した「反骨のジャーナリスト」で，常に弱者の立場から強者を告発し，地方から中央を撃った。その田中さんから，

　「ジャーナリストは歴史の証人」
　「演説はいらない。大切なのは事実」
など，新聞記者の心構えを教わった。
支局はまさに新聞記者の学校だったのである。

新聞社の組織もずいぶん変わってきた。印刷，通信技術の発達や社会そのものの均質化，さらには業務の効率化のために紙面の共通化も進んだし，最近では取材部門も政治，経済，文化といった部の垣根を取り払っているところもある。印刷部門も，より早く新聞を届けるために本社以外にも拡大，それを別会社化しているところが多い。

5
調査報道と
ジャーナリズム

　権力側にとって都合の悪い事実を，独自の取材で報道する調査報道が，ジャーナリズムの王道であるのは間違いない。アメリカと日本の2つの代表的な調査報道を紹介する。

ウォーターゲート報道（1972）

　1972年6月17日の土曜日未明，ワシントンの民主党本部があるウォーターゲート・ビルにカメラと盗聴装置を持って侵入した5人の男が逮捕された。取材を始めたワシントン・ポストの若い記者，ボブ・ウッドワードとカール・バーンスタインは，犯人の1人が共和党のニクソン大統領再選委員会に関係する元CIA（中央情報局）保安主任と断定する記事を書く。さらに事件の主犯は5人以外のホワイトハウス顧問であり，彼は大統領特別顧問の部下だったことを暴露した。
　これが，2年後にニクソン大統領を辞任に追い込むことになるウォーターゲート事件のスタートである。ただの窃盗未遂かと思われたこの事件が，2人の執拗な調査報道によって，ニクソン大統領再選をめざす共和党の組織的行動であるばかりか，ニクソン大統領が敵とみなす勢力に対する大がかりな違法秘密工作の一環であることが判明した。
　ベトナム戦争を遂行するニクソン政権は機密情報の漏洩を防ぐために，FBI（連邦捜査局）やCIAとは別の組織（「鉛管工グループ」）を使って，盗聴などの違法な情報収集活動を行っていた。その経過は，両記者の書いた『大統領の陰謀——ニクソンを追い詰めた300日』に詳しく記録されている[14]。

　14）『大統領の陰謀』は映画にもなり，両記者をロバート・レッドフォードとダスティン・ホフマンが演じた。

当初はワシントン・ポストの孤軍奮闘が目立った報道も、ニクソン陣営が報道は間違いだと批判するに及んでメディアの足並みもそろい、事件に関係していることが明らかになったミッチェル元司法長官（ニクソン再選委員会議長）、アーリックマン大統領補佐官、ホールドマン大統領首席補佐官などが次々に辞職、捜査当局によって訴追されるなど、ワシントンの政界を揺るがす大スキャンダルへと発展した。

そして、ニクソン大統領その人がこれらの動きに大きく関与していたことも明らかになる。最終段階では大統領執務室に仕かけられていた盗聴テープが裁判所命令によって公開された。ホワイトハウスの工作が白日の下にさらされ、ニクソン大統領は1974年8月に辞任した。

ウォーターゲート事件は調査報道の金字塔と言われている。

この報道では、ウッドワード記者への情報提供者として「ディープ・スロート」という暗号名で呼ばれた中央高官の存在が知られている（「ディープ・スロート」は当時のポルノ映画のタイトル）。ウッドワード記者らはこの情報源をいっさい明かさず、本人が死去するまでは取材源の秘匿を守ると宣言してきたが、当の本人（当時のFBI副長官）が2005年5月に新聞紙上で自分がディープ・スロートだったことを明らかにして大きな話題になった[15]。

この事件は、ワシントン・ポスト社内で言えば、ホワイトハウスの大統領会見に出席するようなエリート記者によって追及されたのではなく、どちらかというと駆け出しで下積みの記者が配属される首都部によって担われた。ウッドワード、バーンスタイン両記者は、日夜、関係者を「夜討ち朝駆け」して事実を積み重ね、さらには膨大な経理内容をこつこつ調べまわって記事を書いた。

また『大統領の陰謀』の訳者あとがきによれば、ポスト紙編集局長は「われわれはこの報道では何カ月も孤立無援だった。私がこわ

---

15) ディープ・スロートだったと告白した元FBI副長官、マーク・フェルトは2008年12月、95歳で死去した。ウッドワード記者は2005年に『ディープ・スロート 大統領を葬った男』を書き、その間の経緯を報告している。

いと思ったのは，ワシントンのジャーナリズムの正常な取材本能が働いているようには思われないことだった。われわれはよく自問したものだった。APはどこにいるんだ？UPIは？ニューヨーク・タイムズは？ニューズウィークは？孤立無援の三百日だった」と述懐したと言われる。

　ワシントン・ポスト紙はこの報道によって名誉あるピュリッツァー賞を受賞している。

ペンタゴン・ペーパーズとジャーナリズムの底力

　ニューヨーク・タイムズ紙は1971年6月13日，ランドコーポレーションの職員，ダニエル・エルズバーグから入手した「ペンタゴン・ペーパーズ」の掲載を開始している。これは国防総省が作成したベトナム戦争に関する極秘文書で，北爆開始の理由とされていたトンキン湾事件はでっち上げだったなどの機密情報が含まれていた。ニューヨーク・タイムズは文書入手後3か月の検討を経て，「政府からどのような攻撃が行われようと，国民に知らせるべき文書である」と掲載に踏み切ったもので，このスクープも代表的な調査報道とされている[16]。

　ニューヨーク・タイムズが記事を掲載すると，ホワイトハウスは記事差し止めを求め提訴したが，連邦最高裁で却下された。同文書はワシントン・ポストでも報道され，議会でも明らかにされた。また，エルズバーグは窃盗，情報漏洩などの罪で起訴されたが，ウォーターゲート事件を起こしたのと同じ「鉛管工グループ」が，信用を失墜させる目的でエルズバーグのかかっていた精神科医のオフィスからカルテを盗もうとしたことが判明し，「政府の不正」があったとして裁判は却下されている。

　ワシントン・ポストのウォーターゲート事件報道も，ニューヨー

　16）ハリソン・ソールズベリー『メディアの戦場』は，この報道をめぐるニール・シーハン記者らのニューヨーク・タイムズの物語である。

ク・タイムズのベトナム文書公表も，アメリカのジャーナリズムの底力を感じさせる。彼らがこの事件を報道しなければ，真相は永久に闇に埋もれたままだった可能性が強い。

　それぞれの新聞社では，取材をめぐって，あるいは文書公表をめぐって，記者と編集幹部との間で，さらには経営陣との間で，侃々諤々の議論が展開されているが，にもかかわらず，彼らは報道の使命を貫いた。またディープ・スロートが現職FBI高官だったことも，日本人にはたいへん興味深い。彼には彼の思惑があったようだが，それでもニクソン大統領側近たちの民主主義を踏みにじる行動への憤りが彼を情報提供に駆り立てたと言える。この辺にアメリカ民主主義の根強さがあると言えるだろう。

リクルート報道（1988）

　1988年4月，朝日新聞横浜支局の若い記者が，「川崎市の助役がリクルートの関連会社，リクルートコスモスの未公開株を得て，多額の利益をあげた。警察が助役を収賄罪で内偵中である」ことを聞き込んだ。

　社会部の特ダネ記者だった山本博・横浜支局デスクは，警察当局が強制捜査に乗り出す時点で記事にすべく，支局上げてこの取材に取り組むことを指示したが，捜査当局はこれを刑事事件にしない方針を決める。がっかりする若手記者を前に，山本デスクは「捜査はつぶれたようだが，リクルートと助役はどうみても灰色だ。株にからむ疑惑は，これまで何度も噂に上っては消えていった。今度の事件は，それが初めて明るみに出るチャンスである。ここで放り出してしまえば，すべてはヤミからヤミへと葬られてしまう。万全の取材で独自にウラをとれば（複数の取材対象にあたって事実の確認をすること），朝日新聞の責任で報道できるはずだ」と激励する。

　それから，リクルートが川崎市特定街区に進出する際の窓口が助役だったことや，リクルートコスモス株の他の譲渡先を探る取材が始まった。支局員が多くの聞き込みと土地登記簿などの資料調査を

積み重ねた結果が、6月18日1面（最終版は社会面）に掲載された「『リクルート』川崎市誘致時、助役が関連株取得」の特ダネである。助役は未公開株が高騰した登録後に売り1億円余の利益を得ていたこと、株を購入する資金もリクルート子会社から融資を受けていたことが「朝日新聞社の調べでわかった」と報じられた。

横浜支局から生まれた特ダネは本社の記者を走らせ、ライバル紙も後追い取材をせざるを得なくなった。ほどなく助役は解職される。次いで自民党代議士や元大臣、民社党委員長、日本経済新聞社長らにもコスモス株が譲渡されていたことが判明する。さらには中曽根康弘前首相、安倍晋太郎自民党幹事長、宮沢喜一蔵相の秘書名義でも株売買が行われていたことがわかり、リクルート事件は、政・官・財界を揺るがす大事件に発展した。

江副浩正リクルート会長は7月に辞任。その後もNTT会長、前文部事務次官などへの株譲渡が報道され、宮沢蔵相はじめ多くの要人が辞職に追いやられた。東京地検も捜査に乗り出し、江副会長やNTT会長、文部事務次官らが逮捕され、1989年4月、竹下登首相はリクルート事件をきっかけとする政治不信の責任をとって退陣した。

リクルート報道は、日本における調査報道の金字塔になった[17]。発端が本社の社会部ではなく横浜支局だったことも、ウォーターゲート報道の経過と似ている。

ウォーターゲート事件もリクルート報道も、端緒は小さな事件に過ぎなかったけれども、記者たちの執拗な独自取材で、その底に眠っていた巨悪があぶりだされた。山本博記者は、「調査報道の対象は、『権力悪』、『構造的不正』である」と言っているが、メディアが報道しなければまさに「ヤミからヤミへ葬られてしまう」事実を掘り起こすことが調査報道の真髄だと言えるだろう。

ちなみに、雑誌の調査報道としては、『文藝春秋』を舞台にした立花隆の「田中角栄研究――その金脈と人脈」（1974）が有名である。田中首相（当時）の金脈や人脈に関する事実は、ほとんどすで

---

17) 詳しい経緯は、山本博『追及』などに詳しい。

に報道されたり，政治記者にとっては旧知の出来事だったりしたが，それらを明確な問題意識のもとに徹底的に収集し，新たな事実も含めて編集しなおすことで，時の首相を退陣に追い込んだ。

不祥事に見るジャーナリズム精神の衰退

　近ごろの新聞（およびメディア）では，ジャーナリズム精神の衰退が指摘されているが，そこには総メディア社会が大きな影を落としている。新聞をめぐるいくつかの不祥事を上げておこう。

　ニューヨーク・タイムズの誤報・捏造事件●　ニューヨーク・タイムズは2004年5月11日付の紙面で，同紙の記者が前年10月以降に執筆した記事36本の中で，大量の捏造や他紙からのデータ盗用などが見つかったとする謝罪および検証記事を掲載した。1面トップから4ページの特集記事に及ぶ大々的な報道で，同紙152年の歴史で最悪の不祥事だとしている。

　解雇された27歳の記者は，実際には現場に行っていないのに，他紙の談話を盗用したり，他のカメラマンが撮った現場写真から推察したりして，臨場感あふれる記事を仕立て，あるいは単なる電話取材を直接インタビューと偽って出稿していた。ケータイを使って，現場に急行中だと思わせる"アリバイ工作"もしていたようだ。

　記事捏造の道具がケータイとノートパソコン（ラップトップコンピュータ）だったことが，デジタル時代の情報の信頼性をめぐって，伝統的なメディア企業内部もまた大きく揺れていることを示している。少し前には，同じアメリカのロサンゼルス・タイムズ紙で，1面に掲載されたイラク戦争の現場写真が合成であることがわかって，カメラマンがやはり解雇されている。カメラマンが現場で簡単に写真を合成できる環境が，その種の安易な誤報を生んでいると言えるだろう。

　朝日新聞の虚偽メモ事件●　新党結成をめぐって「亀井静香・

田中康夫両氏が長野県内で会った」とする記事を掲載したが，その記事は長野総局員の虚偽メモに基づくものだった。同紙の「検証 虚偽メモ問題」と題する検証記事は，「メールだけのやりとりに終わり，取材現場での言葉によるコミュニケーション不足が虚報につながった最大の原因」だと述べているが，はしなくも新聞の現場の弱体化がさらけ出されたと言える。

　検証記事によると，8月18日午後，本社政治部から長野総局へ「亀井・田中両氏が会ったとの情報を確かめてくれ」とのメールがあった。そのメールを総局長から転送された長野総局員は，とくに急ぎの用件とも，たいしたニュースとも思わず，ルーティンの仕事を優先した。夜勤業務で忙しかった20日夜，政治部から連絡を受けた総局長に「例の件はどうだったか」と口頭で聞かれたとき，総局員は田中知事に直接確認していないのに，「知事は亀井氏に会ったと言っていた」と，うその返答をする。「それをメモして政治部に送ってくれ」と言われ，「会ったとの裏はほとんど政治部でとれているのだろう」と軽く考え，10分くらいで田中知事との一問一答方式のメモをでっち上げたという。それをメールで政治部に送ると同時にコピーを総局長に送っている。

　政治部がこの情報に飛びつき，電話でメモ内容を使っていいかと総局長に問い合わせるが，記事の詳しい説明はせず，総局長もメモ内容のどこをどう使うかを確認しないままに了解した（総局長がメールでメモ内容を見たのは，了解を与えた後だ）。翌日，勤務についた総局デスクにこの間の引継ぎは行われておらず，夕方，政治部からメモ使用の了解を再度求められたデスクは，メモの存在を知らないままに，すでに話はついているものと了解の旨返事し，記者にはこのことを連絡しなかった。原稿の大刷り（最終ゲラ）がファクスで総局に届いたのは午後9時半，総局員は驚くが「頭が真っ白」になって，もはや虚偽メモだと自白する勇気がなく，成り行きにまかせた結果，誤報記事が掲載された。

　たとえば，このメモが紙に書かれ，総局長から総局員に手渡されたら，両者の間でメモ内容をめぐる何らかの会話が行われたのは間違いないだろう。口頭によるやりとりであれば，なおさらだ。報告

のメールも直接政治部に送られ，総局長がコピーを見たのはだいぶ後のことで，その際の会話も「知事，意外としゃべってるじゃないか」という程度で終わっている。

　政治部もメモの核心部分を記事にするにあたって，直接担当者に電話するなり，担当者を上京させるなどはしていないわけで，便利なコミュニケーション道具であるメールが，政治部と長野総局，総局長と総局員のコミュニケーションをかえって阻害したと言えるだろう。

　日本経済新聞社広告局員による株のインサイダー取引●　2006年2月，現役の日本経済新聞社広告局員が株式分割に関する「法定公告」を新聞に掲載される前に見て，自分や妻名義で当該株を購入，公表後に高値になったところで売り抜け，数千万円の利益を得ていたことが判明した。広告局員は証券取引法違反（インサイダー取引）の疑いで東京地検に逮捕された。

　これまでなら，株式分割に関する「法定公告」掲載スケジュールは限られた枚数の紙に書かれ，数人の担当者だけが見る状況下で管理されていたはずである。そして担当者には，当然の結果として，仕事に対する「使命感」も「倫理」も備わっていたわけで，そうでなくても，関係者の数が少なく，犯行は容易に突き止められるという現実的な事情が犯罪抑止力として働くこともあっただろう。職場にいながらにして株取引を行うこと自体が不可能だった。

　アナログの時代では，情報の形態およびその環境がもつ制約（ある意味では不便さ）が自ずからなる秩序を形成し，行動の歯止めにもなっていた。紙に書かれた「法定公告」掲載スケジュールは，それほど厳重には保管されてなく，たとえ部屋に鍵がかかっていなくても，部外者が立ち入るのははばかられるといった状況が一種の鍵の役割を果たしていた。

　情報はデジタル化されると，多くの人に見られるものになるし，コピーも容易になる。その情報を管理するためのアクセス制御がきわめて杜撰だったようだ。同じような仕事をする人たちが共用パスワードを利用し，しかもパスワードは変更されておらず，担当をす

でに外れた人間もアクセスできたと言われる。
　今回逮捕された社員自身，法定公告の担当ではなかった。当然，当人のモラルは低いだろうし，多人数の中では犯行が見つかる可能性が低いという事情が，会社のパソコンを使って「ゲーム感覚」で株取引をする犯罪に結びついた。この「軽さ」の，重い意味について考えるべきだろう。
　2008年1月には，NHK職員による株のインサイダー取引も明るみに出たが，その背景には，情報がデジタル化して流動性が高まり，情報セキュリティが低下したこと，それらの事情が報道という業務に携わる人間の職業倫理を同時に低下させているという深刻な問題が横たわっている。

新聞の構造変化と社会

　これまでメディアと縁のなかった巨大資本がメディア産業に進出することで，既存マスメディアのアイデンティティは危機に瀕しているとも言える。
　たとえばアメリカにおいては，2007年にウォールストリート・ジャーナルを発行する新聞大手，ダウ・ジョーンズ社がメディア王，ルパート・マードック率いるニューズ社に買収され，ロサンゼルス・タイムズやシカゴ・トリビューンなどを発行するトリビューン社も，メディア事業そのものには無関心だと言われる不動産業家で著名投資家のサム・ゼルに身売りした[18]。2007年にはフランスでも，経済紙レゼコーがブランドグループ「モエヘネシー・ルイヴィトン」に買収されている。日本でも2005年以来，ライブドアによる日本放送株取得，楽天のTBSへの資本参加などが大きな話題になった。
　こういった合従連衡の動きが，既存マスメディアのジャーナリズ

　18）　トリビューンは2008年12月，経営破綻に追い込まれ，米連邦破産法11条の適用を申請した。

ム精神を脅かしているのは間違いない。

　ウォールストリート・ジャーナルでは，同紙を一般紙化するとのマードックの紙面刷新策に反対する編集長が2008年４月に辞任した。一方，全紙で利益を優先する方針を打ち出したゼルは，紙面を削減すると同時に編集局の人員も大幅カットするリストラ策を発表し，７月にタイムズ発行人やトリビューン編集主幹が辞任した。

　業界全体でも，広告不振と部数減から，ニュース紙面や記事を減らす動きが広がっており，それが新聞ジャーナリズムをいよいよ周辺に追いやっている。「リストラ　揺れる米新聞界」という記事[19]によると，マードック，ゼル両氏に共通するのは，「新聞はピュリッツァー賞を担う記事よりも，読者が望む情報提供に力を入れるべきだ」という考えで，その際に引き合いに出されるのが，2007年にピュリッツァー賞を６件も獲得したにもかかわらず，部数も収入も伸びなかったワシントン・ポストの例だという。

　ジャーナリズム精神の衰退は日本でも例外ではない。部数減，広告不振の中で値上げもできず，構造不況に見舞われている新聞全体の質の低下も指摘されている。新聞の衰退，その結果としてのジャーナリズムの衰退は，まさに新聞業界だけではなく，社会全体の問題だと言えるだろう。

　19）　朝日新聞，2008年７月29日付「メディアタイムズ」

6
本と雑誌

　新聞と並んで多くの人に親しまれてきたメディアが出版（publication, publishing）である．ちなみに，日本最古の出版物は，世界最古の印刷物とも言われる法隆寺蔵の百万塔陀羅尼（仏教の経文，770年印刷）と言われている．

本とベストセラーの歴史

　新聞が宅配によって各家庭に届けられるのに対して，本や雑誌は書店を通じて売られている．本のベストセラーを眺めると，時代というものがよくわかる．以下に戦後のベストセラーを取り上げて，少し解説した．データは『出版年鑑08』（出版ニュース社）によるが，その中から選んだ本はたぶんに恣意的なことを最初にお断りしておく．

1945〜1954

1945　小川菊松『日米會話手帳』（科學教材社）
　敗戦直後の9月15日に急遽出版された戦後初のベストセラー．雑誌『子供の科学』などで有名な誠文堂新光社の創業者，小川菊松が，出張先で玉音放送を聞き，帰京の汽車の中で日英会話に関する出版の企画を考えついた．それをすぐ実行に移し，いまの文庫版より小さい判型で，32ページ，定価80銭で出版した．米軍が進駐してくる，これからは英会話だという機転の勝利で，出版とともに注文が殺到，またたくまに360万部を売ったという．鬼畜米英から解放軍へ．日本人の変わり身の早さにうまく迎合したベストセラーだった．
　誠文堂新光社の販売部員は「混乱のまっただなかにあってなお，冷静に社会情勢やその動向を見極め，いま読者が何を求めているかを的確に推し測り，いち早く出版という形で応えていた出版人がい

たことを，私たちは新世紀へ確実に語り継いでいきたい」と「本の学校」ウエブで述べている[20]。

その他のベストセラー●　　三木清『哲学ノート』(1946，河出書房)，ヴァン・デ・ヴェルデ『完全なる結婚』(1946，ふもと社)，太宰治『斜陽』(1948，新潮社)，永井隆『この子を残して』(1949，講談社)，吉川英治『宮本武蔵』(1949，六興出版社)，日本戦歿学生手記編集委員会『きけわだつみの声』(1950，東京大学出版部)，笠信太郎『ものの見方について』(1951，河出書房)，吉川幸次郎・三好達治『新唐詩選』(1952，岩波書店)，アンネ・フランク『光ほのかに』(1953，文藝春秋新社)，伊藤整『女性に関する十二章』(1954，中央公論社)。

全集出版がさかん●　　1953年ごろをピークに全集出版がさかんで，『夏目漱石全集』(岩波書店)，『現代日本文学全集（筑摩書房)』，『現代文豪名作全集』(河出書房)，『現代世界文学全集』(新潮社)，『昭和文学全集』(角川書店) などが相次いで出版され，その中のいくつかがベストセラーに顔を出している。

　全集と言えば，戦前には円本ブームがあった。改造社という出版社が，本も大量生産できると考えて，1926（大正15）年に「現代日本文学全集」37巻（後に66巻に増える）を1冊1円で予約出版を始めたところ，爆発的反響を呼び，25万の予約を獲得した。当時の本は1冊2円くらいだったと言われるが，その本3冊分を1冊に閉じ込めて，しかも1円という破格の値段で，これが円本ブームの先駆けとなった。このときも，「世界文学全集」(新潮社)，「明治大正文学全集」(春陽堂)，「現代大衆文学全集」(平凡社) など，5年ほどの間に300種類以上の円本が出た。

1955～1964
1956　石原慎太郎『太陽の季節』(新潮社)

---

20) http://www.hon-no-gakkou.com/content/koramu/koramu/sekiguchi.html

現東京都知事の芥川賞受賞作品。裕福な家庭の師弟の，既存の体制に反逆する無軌道な生活を描いて，文壇のみならず社会的に大きな反響を呼んだ。「太陽族」という流行語も生まれている。作者は当時23歳。長身，スポーツで鍛えた颯爽とした作家の登場で，慎太郎ブームが起き，「慎太郎刈り」なる髪型も若者の間で人気になった。映画化にあたり弟の石原裕次郎が出演，その縁で彼はまたたくまにスターとなった。

その他のベストセラー●　　フランクル『夜と霧』(1956，みすず書房)，三島由紀夫『美徳のよろめき』(1957，講談社)，深沢七郎『楢山節考』(1957，中央公論社)，五味川純平『人間の条件 1～6』(1958，三一書房)，清水幾太郎『論文の書き方』(1959，岩波書店)，謝国権『性生活の知恵』(1960，池田書店)，岩田一男『英語に強くなる本』(1961，光文社)，黄小娥『易入門』(1962，光文社)，山岡荘八『徳川家康 1～18』(1963，講談社。最終的には全26巻)，河野実・大島みち子『愛と死をみつめて』(1964，大和書房)。

　日本経済の高度成長にともない，出版界にも大型出版ブームがやってくる。百科事典と全集ものの相次ぐ出版である。
　百科事典では，平凡社の『国民百科事典』(全6巻)が1961年から1962年にかけて出版され50万部を売った。小学館の『日本百科大事典』(全23巻)は1963年の刊行，予約部数が50万部に達した(ちなみに平凡社の『世界大百科事典』全32巻の刊行は1955年から1959年)。全集としては，中央公論社の『世界の文学』，『日本の文学』，『日本の歴史』，筑摩書房の『世界文学大系』などが出版されている。

贅沢品，調度品としての書籍●　　戦後の混乱の時期を脱し，人びとの生活が少しずつ豊かになっていく1950年代後半には，白黒テレビ，洗濯機，冷蔵庫の家電3品が，人びとが努力すれば手に入る夢として『三種の神器』と呼ばれた(経済白書が「もはや戦後ではない」と明記したのは1956年)。百科事典や全集などの大型出版ブームは，書籍もまた書斎や居間に並べて「眺める」調度品として好まれたためである。

1965〜1974

1971　イザヤ・ベンダサン『日本人とユダヤ人』（山本書店）

ユダヤ人から見た日本人論として話題になり，ベンダサン探しが始まったが，結局は出版元の山本書店店主で，訳者を名乗っていた山本七平本人であることが判明した。井上ひさし『ベストセラーの戦後史』によると，ベンダサンに擬された著述家や学者は30人を超え，その何人かは以下のようにして否定したという。司馬遼太郎「司馬という名前で書くので精一杯だ。匿名でものを書くなんて酔狂をやる暇はない」，江藤淳「僕はこんなに頭がよくない」。

その他のベストセラー●　井上光貞・竹内理三他『日本の歴史1〜10』(1965，中央公論社)，三浦綾子『氷点』(1966，朝日新聞社)，多湖輝『頭の体操』(1967，光文社)，羽仁五郎『都市の論理』(1969，勁草書房)，梅棹忠夫『知的生産の技術』(1969，岩波書店)，田中角栄『日本列島改造論』(1972，日刊工業新聞社)。

1975〜1984

1981　黒柳徹子『窓ぎわのトットちゃん』（講談社）

タレントの黒柳徹子が，自分が通学した小学校，トモエ学園の自由な校風と小学生生活を描いた自伝的作品。扉に「これは，第二次世界大戦が終わる，ちょっと前まで，実際に東京にあった小学校と，そこに，ほんとうに通っていた女の子のことを書いたお話です」とある。刊行以来ロングセラーを続け，日本国内で750万部を超える戦後最大のベストセラーとなった。いわさきちひろの挿絵もよかった。

この本は本人の自作だそうだが，その後，ゴーストライターを使ったタレント本がさかんに書かれるきっかけにもなった。

その他のベストセラー●　司馬遼太郎『翔ぶが如く 1〜7』(1976，文藝春秋)，徳大寺有恒『間違いだらけのクルマ選び 正・続』(1977，草思社)，ジョン・ガルブレイス『不確実性の時代』(1978，TBSブリタニカ)，和泉宗章『天中殺入門』(1979，青春出版社)，田中康夫『なんとなく，クリスタル』(1981，河出書房新社)，宮尾登美

子『天璋院篤姫 上下』(1984, 講談社)。

　田中康夫は後の長野県知事。宮尾登美子の作品は，2008年のNHK大河ドラマ「篤姫」の原作。

1985〜1994

1994　永六輔『大往生』（岩波書店）

　作詞家，放送作家，エッセイストである著者が，日本各地を訪れたときに聞いた無名の人びとの生や死に関する名言を集めたもの。200万部を超えるベストセラーとなった。「痛くない腹さぐられるドックかな」，「今はただ小便だけの道具かな」，「タフだねと言われるようになったら，身体に気をつけなさいよ」，「あの人はいい人だって言って歩くと，その人はいい人になる努力をするんだね。それで，早死するんです」などという言葉が収録されている。

　著者は作曲家の中村八大と組んで，故坂本九が歌った「上を向いて歩こう」など，多くの流行歌を生み出している。

　その他のベストセラー●　　渡辺淳一『化身 上下』(1986, 集英社)，俵万智『サラダ記念日』(1987, 河出書房新社)，村上春樹『ノルウェイの森 上下』(1988, 講談社)，吉本ばなな『TSUGUMI』(1989, 中央公論社)，二谷友里恵『愛される理由』(1990, 朝日新聞社)，さくらももこ『もものかんづめ』(1991, 集英社)，R・J・ウォラー『マディソン群の橋』(1993, 文藝春秋)。

　俵万智の「『この味がいいね』と君が言ったから七月六日はサラダ記念日」，「万智ちゃんを先生と呼ぶ子らがいて神奈川県立橋本高校」などという短歌は新鮮だった。『マディソン群の橋』は全米ベストセラーになった中年男女の純愛物語。

1995〜2006

1999　乙武洋匡『五体不満足』（講談社）

　生まれつき両手両足がないという障害をもった著者が自らの生活体験をつづった本。『五体不満足』というタイトルは著者自身の発案で，「五体が満足だろうと不満足だろうと，幸せな人生を送るには関係ない」，そのことをみんなに伝えたいために，「少々，ショッ

キングな」タイトルにした，とあとがきで書いている。本人だからこそつけることができた大胆なタイトルである。明るく前向きな個性と「障害は不便だが，不幸ではない」と言い切る新鮮なメッセージが多くの読者を獲得した。400万部以上を売り，一般書籍の部数記録としては2007年現在で日本第3位の記録を持つとか。

2003　養老孟司『バカの壁』（新潮社）
東京大学医学部の解剖学教授が退官後に書いた一般向けの本がベストセラーになった。「人間というものは，結局自分の脳に入ることしか理解できない」というのが「バカの壁」だとして，この概念を軸にさまざまな問題を論じている。400万部を売った。

2006　藤原正彦『国家の品格』（新潮社）
数学者が書いた「いま日本に必要なのは，論理よりも情緒，英語よりも国語，民主主義よりも武士道精神であり，『国家の品格』を取り戻すことである」（PRの文章）と訴えた本。以後の「品格」本ブームの先駆けとなった。

その他のベストセラー●　　J・ゴルデル『ソフィーの世界』(1995，日本放送出版協会)，春山茂『脳内革命』(1995，サンマーク出版)，野口悠紀雄『「超」勉強法』(1996，講談社)，渡辺淳一『失楽園(上)(下)』(1997，講談社)，大野晋『日本語練習帳』(1999，岩波書店)，J・K・ローリング『ハリー・ポッターと賢者の石』(2000，静山社)，齊藤孝『声に出して読みたい日本語 1・2)』(2002，草思社)，片山恭一『世界の中心で愛を叫ぶ』(2004，小学館)，リリー・フランキー『東京タワー――オカンとボクと，時々，オトン』(2006，扶桑社)，ダン・ブラウン『ダ・ヴィンチ・コード』(2006，角川書店)。

ハリー・ポッター●　　20世紀のイギリスを舞台にしたJ・K・ローリングのファンタジー小説『ハリー・ポッター (Harry potter)』シリーズは，無名の新人の処女作にもかかわらずまたたくまに世界的ベストセラーになり，次々と映画化もされた。

魔法使いの少年，ハリーの魔法学校での生活や，父母を殺した敵である闇の魔法使い，ヴォルデモートとの戦いを描いたもので，1997年に第1巻『ハリー・ポッターと賢者の石』が発売され，日本では

1999年暮れから刊行が始まっている（静山社）。早くも2000年のベストセラーに顔を出し，それ以後，2008年7月に発売された第7巻『ハリー・ポッターと死の秘宝』（原書の発売は2007年7月）まで，ずっとベストセラー入りしている。

廉価な新書版がはやりの時世に，各巻約2000円，上下巻の場合はあわせて約4000円もする大部な本がこれだけ売れたというのは驚異的で，沈滞ムードの出版界の大きな話題になった。第6巻『ハリー・ポッターと謎のプリンス』の帯には「世界3億部，日本2100万部のベストセラーシリーズ」とある。

ベストセラーとロングセラー●　戦後の三大ベストセラーは，結局，『日米會話手帳』，『窓際のトットちゃん』，『五体不満足』になるようだ。ベストセラーはよく売れた本ということだから，必ずしも「いい本」，良書，立派な本というわけではない。しかし，こうして眺めてみると，やはりいい本が売れているのもたしかである。ニュースの定義ではないが，時代をうまく切り取っているからこそ，多くの人に読まれ，また社会的な反響も呼んだと言える。

2007年のベストセラーとケータイ小説ブーム●　①坂東眞理子『女性の品格』（PHP研究所），②渡辺淳一『鈍感力』（集英社），③田村裕『ホームレス中学生』（ワニブックス）。

『女性の品格』は前年のベストセラー，藤原正彦『国家の品格』（新潮社）のタイトルを借りてヒット，200万部を突破した。このヒットで『○○の品格』といった本が多数出版された。『ホームレス中学生』はお笑いタレントの自伝的作品である。『鈍感力』とともに120万部のミリオンセラーになった。

取次大手のトーハンが2007年暮れに発表した年間ベストセラーの〈単行本―文芸部門〉ベスト10に，いわゆる「ケータイ小説」が5つ入ったのもニュースである。そのうち『恋空㊤㊦』，『赤い糸㊤㊦』，『君空』がベスト3に入っている。2007年はケータイ小説ブームでもあった。

雑誌の興亡

　雑誌は書籍と並ぶ出版の柱で，雑誌のあり方もまた戦後史の中で大きく変化してきた。

■総合月刊誌の時代■
　戦後しばらくは『世界』，『中央公論』，『文藝春秋』，『改造』など総合月刊誌の時代だった。戦争直後は哲学，文学，歴史関連の本が多く出版され，読まれたが，雑誌においても，政治，経済，文化など社会全般にわたる硬派の論文が総合月刊誌に掲載され，かつよく読まれた。「総合月刊誌の時代」だったと言えるだろう。

　『世界』は岩波書店(1913年に岩波茂雄が創業)の代表的雑誌で，1945年12月に創刊。革新リベラル色が強く，講和問題では全面講和を主張し，60年安保闘争でも進歩的知識人の砦として論陣を張った。

　『中央公論』の歴史は古く，明治時代に別の誌名で創刊されたが，1899年に『中央公論』と改題。自由主義的な論文を多く掲載し大正デモクラシーの時代をリードした。1919年に，より急進的な『改造』が発刊されると，中道路線に転換。戦前にいったん廃刊し，戦後復刊した。1960年に深沢七郎の「風流夢譚」を掲載したことで，右翼によって社長宅が襲われる事件が起こり，戦後史に大きな影響を与えた。

　『文藝春秋』は作家の菊池寛が1923年に創刊した雑誌で，小説，物語から手記，エッセイ，評論まであらゆるジャンルの記事を掲載している。毎年，芥川賞，直木賞，菊池寛賞，大宅壮一ノンフィクション賞なども発表，総合月刊誌がほとんど読まれなくなった現在においても部数約50万部を維持している稀有な雑誌だ。1974年11月号では立花隆「田中角栄の金脈と人脈」を掲載している。

　『改造』は大正時代に創刊され，いったん廃刊，戦後の1946年に復刊して，1955年に廃刊した。

■週刊誌の時代■

　週刊誌はもともと『週刊朝日』、『サンデー毎日』など新聞社系のものが中心だったが、出版社による最初の週刊誌として1956年に『週刊新潮』が創刊されて以来、『週刊女性』(1957、主婦と生活社)、『女性自身』(1958、光文社)、『週刊文春』(1959、文藝春秋社)、『週刊現代』(1959、講談社)、『女性セブン』(1963、小学館)、『週刊プレイボーイ』(1966、集英社)、『週刊ポスト』(1969、小学館)と、出版社系の週刊誌が続々創刊され、世は『週刊誌時代』に突入する。

　出版社系週刊誌は、フリーライターやフリージャーナリストを使って記事を作成する（データマンが取材して、アンカーマンが記事に仕立て上げる）という独特の仕組みをつくりあげた。

　その後、『週刊ポスト』と『週刊現代』のヘヤーヌードものとか、写真週刊誌の『フォーカス』(1981、新潮社)、『フライデー』(1984、講談社)などのスクープ合戦が話題になった。一時は100万部を超える部数を誇示した雑誌もあったが、多メディア化や活字離れの風潮が進む中で、週刊誌も軒並み部数を減少させている。

『平凡パンチ』と『朝日ジャーナル』●　　1960年代は、右手に『平凡パンチ』、左手に『朝日ジャーナル』と呼ばれたぐらいに、軟派と硬派の相反する雑誌が、若者たちの人気を集めた。当時の学生

表10　2007年上半期の主な部数

週刊朝日	189,726
週刊新潮	473,550
週刊文春	526,744
週刊現代	349,699
週刊ポスト	354,844
文藝春秋	461,063
日経ビジネス	333,900
週刊ダイヤモンド	112,957
プレジデント	191,748
女性自身	315,192
女性セブン	352,024

出典）『出版年鑑08』、月刊誌も含む。

たちはバリケードの中でもこの両誌を手放さなかったと言われている。

『平凡パンチ』はマガジンハウス（当時は平凡出版）から1964年に創刊され，スポーツ，セックス，ファッション，車を中心にした若者雑誌。創刊当時まだ大学生だった大橋歩の表紙も人気があった。一時は部数100万部を突破したが，1989年に休刊している。

『朝日ジャーナル』は朝日新聞社から「報道・解説・評論」を旗印に1959年に創刊され，学生運動はなやかな60年代は全共闘学生のバイブル的存在だったが，1992年に休刊した。

ともに一時代を築いた雑誌だけに，休刊後に回顧出版が行われている。

■コミック誌の隆盛■

青少年向けの週刊コミック誌も一時代を築いた。「いまごろの大学生は漫画を読む」と批判されたりもした。

『少年マガジン』(1959，講談社)

『少年サンデー』(1959，小学館)

『少年ジャンプ』(1968，集英社)

『少年マガジン』は1970年に150万部を達成するなど黄金時代を築いた。『少年ジャンプ』は後発ながら1973年には『マガジン』を抜いて発行部数1位になり，1989年には500万部を突破した。94年末に653万部の記録を作ったが，その後減少，現在は300万前後と言われる。

3誌を舞台に，「巨人の星」，「あしたのジョー」，「ゲゲゲの鬼太郎」，「天才バカボン」（以上マガジン），「おばけのQ太郎」，「おそ松くん」，「うる星やつら」（以上サンデー），「ハレンチ学園」，「男一匹ガキ大将」，「キン肉マン」，「北斗の拳」（以上ジャンプ）などの人気作品が生まれている。

コミック誌も1990年代後半ごろから衰えが見えはじめた。

■雑誌の黄昏■

2008年もまた雑誌の休廃刊が相次いだ。6月号で『主婦の友』

(主婦の友社)，9月号で『論座』(朝日新聞社)，12月号で『現代』(講談社) など。出版科学研究所によると，2008年1～7月の雑誌創刊件数が100件なのに対して休廃刊は107件あった。2006年までは，常に創刊の方が休廃刊より多かったのに，2007年以降はこれが逆転，休廃刊件数の方が多くなったという[21]。

　まさに雑誌の黄昏がやってきたわけである。原因はインターネットの普及を受けての広告減と，実用情報がほとんどネットで無料で手に入るようになったこと，さらにはケータイの普及で通勤列車などの暇つぶしに雑誌を買う習慣が薄れたこと，などだろう。

---

21) 日本経済新聞，2008年9月4日夕刊

7
出版の現場

　本が売れない，駅前書店がどんどん潰れている，本屋に行っても実用情報やベストセラーばかりでほしい本がないなど，出版をめぐる話題は景気の悪いものが多い。いまや危機的状況にあるとも言われる出版の現状を見てみよう。

本と雑誌が売れない

　表11に1978年からの雑誌と書籍の総実売額と書籍の総部数を上げておいた。
　とりあえず1978年まで遡らず，1990年からのデータを見てみよう。書籍売上額は8,474億4,611万円，雑誌は1兆3,021億7,139万円である。総売上額は2兆1,496億1,750万円。これが2007年にはそれぞれ9,746億6,435万円，1兆2,236億8,245万円，2兆1,983億4,680万円になっている。
　この18年間で増えてはいるが，よくみると，実は増え続けたのは1996年までで，それ以後は減少傾向にあるのがわかる。
　1978年から右肩上がりに伸びてきた本と雑誌の総売り上げ額は，1996年の2兆6,980億円をピークに1997年から減少に転じる。2004年にやや持ち直したものの，それ以後も減少している。書籍はベストセラーなどの動向でやや変動があるが，雑誌はこの間，一貫して減少している。まさに「本が売れなくなっている」，「本や雑誌が読まれなくなっている」というのが，第一の危機である。出版市場そのものが縮小している（新聞の場合も，1997年をピークに減少に転じていた）。
　市場規模2兆円というのは，他の業界に比べると小さい。小林一博は2001年に出版した本でこんなふうに言っている[22]。

表11　書籍・雑誌実売総金額と書籍総部数　　(万円)

年次	書籍＋雑誌	前年度比(%)	書　籍	雑　誌	新刊点数	書籍総部数(万冊)
1978	122,939,770		62,587,746	60,352,024	27,906	103,764
79	132,968,667	8.15	66,425,603	66,543,064	27,177	104,802
80	145,415,440	9.36	68,743,224	76,672,216	27,890	105,850
81	148,140,537	1.87	69,088,358	79,052,179	29,362	109,025
82	154,448,240	4.26	70,310,658	84,137,582	30,034	113,386
83	159,652,739	3.37	70,797,330	88,855,409	31,297	120,189
84	163,861,968	2.64	69,787,172	94,074,796	32,357	127,400
85	174,180,353	6.30	71,228,397	102,951,956	31,221	129,948
86	179,867,160	3.26	71,571,586	108,295,574	37,016	130,467
87	188,062,886	4.56	76,363,674	111,699,212	37,010	129,815
88	195,035,079	3.71	78,425,179	116,609,900	38,297	133,969
89	201,452,778	3.29	79,691,149	121,761,629	39,698	136,648
1990	214,961,750	6.71	84,744,611	130,217,139	40,576	139,381
91	227,522,632	5.84	92,636,388	134,886,244	42,345	140,078
92	238,466,316	4.81	95,807,248	142,659,068	45,595	140,358
93	249,230,193	4.51	99,168,237	150,061,956	48,053	140,498
94	254,977,767	2.31	103,396,071	151,581,696	53,890	144,853
95	260,502,034	2.17	104,980,900	155,521,134	58,310	149,778
96	269,800,802	3.57	109,960,105	159,840,697	60,462	154,421
97	267,880,353	-0.71	110,624,583	157,255,770	62,336	157,354
98	261,723,069	-2.30	106,102,706	155,620,363	63,023	151,532
99	255,482,336	-2.38	104,207,760	151,274,576	62,621	147,441
2000	251,244,791	-1.66	101,521,126	149,723,665	65,065	141,986
01	244,444,313	-2.71	100,317,446	144,126,867	71,073	138,578
02	243,692,236	-0.31	101,230,388	142,461,848	74,259	137,331
03	231,799,715	-4.88	96,648,536	135,151,179	75,530	133,486
04	234,819,203	1.30	102,365,866	132,453,337	77,031	137,891
05	229,209,064	-2.39	98,792,561	130,416,503	80,580	140,649
06	226,278,537	-1.28	100,945,011	125,333,526	80,618	143,603
07	219,834,680	-2.85	97,466,435	122,368,245	80,595	147,480

出典）『出版年鑑08』

「かつては出版業界全体で自動車メーカーの三番手だったホンダ（本田技研工業）1社分の売り上げだと言われていたが，2000年現在では，アメリカホンダなどの連結決算で，ホンダはすでに出版

22）　小林一博『出版大崩壊』(p.198)

業界全体の2.5倍規模になっている。いま同じように比較できるのは，自動車メーカー四番手の三菱自動車である」

　三菱自動車の2007年度売り上げは連結決算で，2兆6,821億円となっており，すでに三菱自動車にも抜かれている。
　ところが，書籍総発行部数を見ると，あまり変化がない。1990年が13億9,381万冊，1996年が15億4,421万冊，2007年が14億7,480万冊である。それよりも，新刊点数の増え方が異常である。1990年には4万576点だったのが，2007年は8万595点で，こちらはコンスタントに増え続け，18年間でほぼ倍増している。(1978年の新刊点数はわずか2万7906点だった)。「本は売れないのに発行部数はむしろ増えている」，「新刊点数は異常に増えている」というのが，第二の危機である。
　ここにはいくつかの要因が隠れている。まず本が売れないために，出版社がかえって次々と新刊を出し，自転車操業を繰り返している事情がある。豪華本や高価な単行本が売れないので，新書，文庫といった廉価本で稼ごうとして，かえって出版社自身や書店の足を引っ張っている姿もうかがえる。
　もはや出版の売り上げが伸びると期待することは難しいと言えるだろう。

表12　新刊点数とその平均定価の推移

年	新刊点数	平均定価（円）
2000	65,065	2,963
2001	71,073	2,715
2002	74,259	2,673
2003	75,530	2,586
2004	77,031	2,582
2005	80,580	2,514
2006	80,618	2,570
2007	80,595	2,549

出典）『出版年報08』のデータから作成

出版社・取次・書店

本や雑誌を作るのが出版社、売るのが書店で、その間を取り持ち、配本などの業務を行っているのが取次である。以下、出版の仕組みを簡単に説明しておこう。

■出版社■

本をつくっているのが出版社である。表11で明らかなように、2007年の総売り上げは約2兆2000億円、書籍が9700億円強、雑誌が1兆2000億円強。雑誌には、書籍にない広告収入があり、雑誌売り上げの比率が高くなっている。総売り上げは前年度比で2.8パーセントの減少である。

表13に主な出版社の売上高を示した。先にもふれたように、リクルートは就職情報誌を中心に幅広く活動しているし、ベネッセコーポレーションは進研ゼミなどの通信教育や学習教材などに手を広げ

表13　主な出版社の売上高　　　（単位：百万円）

リクルート (3)	443,672	日本放送出版協会 (3)	22,887
ベネッセコーポレーション (3)	211,128	マガジンハウス (9)	21,550
小学館 (2)	148,157	主婦の友社 (3)	20,519
講談社 (11)	145,570	主婦と生活社 (12)	16,720
集英社 (5)	139,982	アシェット婦人画報社 (12)	16,000
角川グループホールディングス (3)	95,066	ダイヤモンド社 (3)	15,218
学習研究社 (3)	70,864	東洋経済新報社 (9)	14,144
日経BP社 (12)	55,248	PHP研究所 (9)	13,879
文藝春秋 (3)	31,860	徳間書店 (3)	13,739
新潮社 (3)	31,000	扶桑社 (3)	11,956
東京書籍 (8)	23,533	幻冬舎 (3)	8,273

注）2006年分、カッコ内は決算月。
出典）『情報メディア白書2008』から抜粋して作成

表14 出版社の数と従業員数

出版社の数	
1992年	4,284
1997年	4,612
2002年	4,361
2007年	4,055
従業員数	
10名以下	2,137
11〜100名	1,162
101〜200名	144
201〜1000名	126
1001名以上	42 (不明444, 合計4,055)

出典)『出版年鑑08』から作成

ているため，ダントツの売上高になっている。小学館以下が伝統的な出版企業になる。

　決算月の関係からか，岩波書店などが含まれていないので，参考のために，『出版年鑑08』記載の申告所得（2005）を上げておく。小学館（65億1200万），集英社（43億4100万），角川書店（34億1800万），幻冬舎（18億9700万），三省堂（14億3400万），文藝春秋（9億7600万），新潮社（5億3400万），中央公論新社（2億9200万），岩波書店（1億6000万）など。学術出版社のみすず書房（5400万），青土社（5400万）などは1億円以下である。

　出版社の数は，1人で細々と経営している例もあり，正確な数字はわからないが，日本書籍出版協会が発行する『日本書籍総目録』には個人を含めて7000を超える出版社，あるいは出版者の名が記載されている。『出版年鑑08』が記載しているデータによれば，1992年で4284社である。1997年の4612社までは増大傾向で，その後減少傾向に転じ，2007年には4055社となっている。従業員規模で見ると，10名以下が2137社と半数以上を占め，201名から1000名が126社，1001名以上は42社で全体の1割程度である。上位100社が全体の売り上げの8割を占めると言われている。

　出版社の倒産もよく話題になるが，2008年には『間違いだらけのクルマ選び』，『声に出して読みたい日本語』，『清貧の思想』などユ

ニークな出版を続けていた草思社が，負債22億余円を抱えて倒産，各方面にショックを与えた。

■取次■

　取次とは，書籍・雑誌などの出版物を，出版社から仕入れ，書店に卸売りする販売会社，本の問屋である。本や雑誌は，いったん取次の倉庫に集められ，そこから全国の書店に運ばれる。日本出版取次協会に加盟している取次会社は約30社あるが，トーハンと日販が二大取次で，全体の売り上げの7〜8割を占めている。

　取次にはあらゆる分野の出版物を扱う総合取次（トーハン，日販，大阪屋，栗田出版販売など）と特定分野の出版物を扱う専門取次（教科書や学習参考書を扱う日教販や理工書や医書を扱う西村書店，地図を扱う日本地図教販など）がある。

　図7は，全国の書店が加盟する日本書店商業組合連合会（日書連）が2006年5月に公表した「全国小売書店経営実態調査報告書」のデータである。取り引きのある主要取次会社を3社上げてもらったところ（1757店回答），トーハン43.9パーセント，日販（日本出版

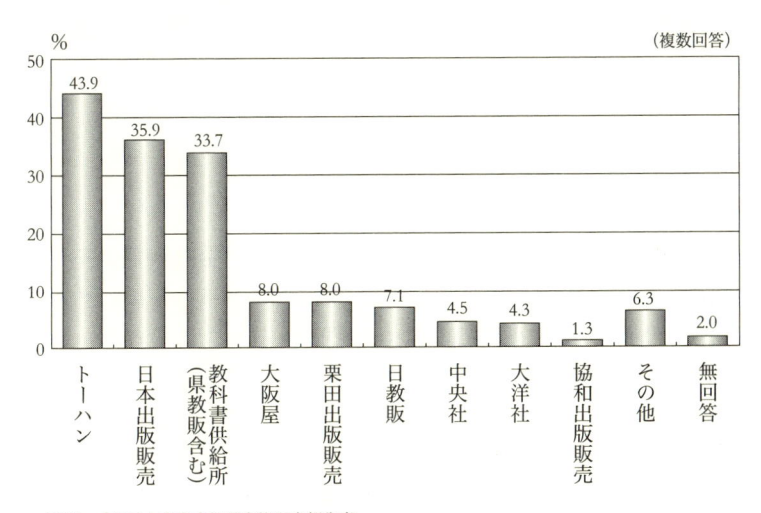

出典）「全国小売書店経営実態調査報告書」

図7　書店が取引のある取次会社

販売）35.9パーセントだった。

取次は単なる「問屋」ではなく，仕入れ，配本調整，販売，金融，配送，返品など，本の流通に関するすべてを取り仕切っている。

■書店■

『2008出版指標年報』（出版科学研究所）によれば，2007年5月1日現在の書店数は全国で17,098店で，前年に比べて484店減っている。

2003年からの出店，閉店状況は表の通りである。

年間1500店から1000店の書店が消えている一方で，350店から400店が開店している。それぞれの書店の平均面積を見ると，閉店した書店の平均面積は50坪から70坪だが，開店した方は200坪前後と，規模が大きくなっている。駅前や古い商店街にあった小さな本屋がなくなり，大型のチェーン店が増えている。

表15　出店，閉店状況

年	新規店	平均面積（坪）	閉店	平均面積（坪）
2003	365	177	1,673	55
2004	370	205	1,114	66
2005	374	200	896	75
2006	393	200	938	75
2007	379	226	1,041	61

出典）『2008出版指標年報』

兼業せざるを得ない書店経営●　日書連の「全国小売書店経営実態報告書」によると，回答した2028店のうち書店専業はわずかに19.3パーセント，兼業している書店が76.9パーセントである。兼業店における書籍・雑誌以外の取り扱い商品やサービスは，「文房具」が最も多く44.0パーセント，次いで「教科書」37.3パーセント，「CD・ビデオの販売」18.9パーセント，「タバコ」12.2パーセントなどとなっている。兼業の売り上げの割合が60パーセント以上と答えた店が13.5パーセントもある。

8
出版危機の本質

　2007年で見れば，書籍と雑誌で年55億冊の本が発行され，そのうちの20億冊以上が返品され，その多くが断裁されている（断裁とは廃棄処分にすること）。これはこれで，膨大な資源浪費だと批判もされているが，なぜこのような大量生産→大量返品→大量廃棄という混乱が起こっているのだろうか。
　そこへオンデマンド出版，オンライン販売，ひいては新手の古書店の台頭など，従来の本の流通システムを根底から覆す事態も出現して，いよいよ出版危機は深まっている。

委託販売制度と高い返品率，安易な書店経営

　出版社が本を作って取次に売る。取次は定価の7～8％の経費を差し引いて，全国の書店に配本する。ふつうの商品の場合，小売店は自分の判断で好みの商品を選んで問屋やメーカーから仕入れるのに対して，本の場合は，取次が自動的に配本しているケースが多い。また本は書店の買い取りではなく，一定期間後に取次を通して出版社に返品できる。いわゆる委託販売制度である。
　自らも地方で小さな出版社を経営している小田光雄によると，明治42年に実業之日本社が雑誌『婦人世界』を委託販売で出したのが委託販売制の普及につながった。売れない本を取次経由で出版社に返せるというこの独特の流通システムが，書店の経営を安易なものにしたとも言える。
　返却可能期間はだいたい3か月半だと言われている（いつでも返却可能な出版社もあるようだ）。3か月半たつと返品できないので，ベストセラーなどを別にすれば，新刊書はたいてい返品可能な3か月くらいで店頭から消えてしまう。店頭からなくなったので売れたのかと思うと，これは大きな間違いである。書店は取次からいった

ん本を買い，これを読者に売るわけだが，売れない本を取次に返すと代金が戻ってくる。売れないとマージンは入らないが，書店が財政的に切羽詰った場合，本を返品することで当座の収入を確保できる。

こうして書店は，商品に対する基本的な知識がなくても経営できる安易なビジネスにもなった。このツケは返品率の高さになってはね返っている。2007年の返品率は40.3％。10冊のうち4冊がそのまま戻ってくる計算である。02年が37.9％，03年が38.9％，04年37.3％，05年39.5％，06年38.5％。もともと高かった返品率がじわじわと上昇している。

返品された本は，いつまでも出版社の倉庫に眠らせておくわけにもいかない。在庫は資産として税金の対象になるし，倉庫代もかかる。だから出版社は断裁処分にする。

新刊を取次が書店に配本してくれても，3か月の間に売れなければ，そのまま出版社に戻される。3か月も店頭に並べてもらえればいい方で，書店の棚に並べる余地がないと，梱包も解かずに送り返され，そのままこの世から消えてしまう。そして，本は絶版になる。だから，発売直後に話題になったり，ベストセラーになったりという幸運が作用しない本は，ほとんど店頭に並ばない。「本屋にほしい本がない」という状況が生まれるわけである。

返品率の上昇と出版点数の増加とは無関係ではない。出版社は新刊を取次に下ろすときに収入を得るが，数か月後に返品されると，代金を返却しなければならない。だからさらなる新刊を出して収支を調整しようとする。まさに自転車操業で，返品率の高さが新刊出版を促し，それがまた返品率の高さになってはね返っている。

「返品してもいいから，店頭に置いてください」という売り方は，当初は画期的だったが，月ごとの帳尻が分からないまま赤字でも経営できるといった「どんぶり勘定」的な書店運営を可能にし，同時に，薄いマージンという本質を覆い隠す結果にもなったと指摘する人もいる。

岩波書店は原則として買い取り制である。岩波の本ならある程度は売れるという期待が薄れると，書店は仕入れを躊躇するわけで，

現在の出版不況下においては，買い取り制ならではの困難を生んでいるようだ。

再販売価格維持制度（再販制）

　本の定価は決まっている。ふつうの商品なら，小売店は客の需要を睨みながら，仕入れた商品に値をつけて販売する。だから大量に仕入れればメーカーとの交渉によって仕入れ価格を低く抑えて，消費者にも安く売るという工夫ができるが，本の場合は全国一律の定価なので価格競争ができない。書店のマージンはだいたい25％である。

　本の全国一律の定価を可能にしているのが再販売価格維持制度（再販制）である。商品の価格はふつう買い手と売り手の間で決まり，メーカーが末端価格を決めると独占禁止法違反になる。ところが本や新聞などの著作物の場合，この独占禁止法の例外としてメーカー（出版社や新聞社）が末端価格を決めている。これが定価販売である。正確に言うと，小売店の勝手な値決めに対してメーカーがペナルティを課しても罰せられず，実質的に定価が守られる仕組みになっている（小売店とメーカーの力関係が変われば，再販制は崩れる理屈でもある）。

　再販売価格維持制度は戦後の独占禁止法改正の過程で導入された。一時は生活必需品の価格安定のためにワイシャツ，医薬品，石鹸，化粧品など9品目が再販商品に指定されていたが，しだいに解除され，1997にはすべて解除された。現在は書籍・雑誌・新聞・音楽CD・音楽テープ・レコードの6品目が著作物再販として維持されている。

　なぜ本や新聞が再販製品に指定されたのかについて，出版社や新聞社は，これらの商品は文化に深くかかわり，再販制廃止は情報の一極集中を加速し，地方文化の荒廃につながる（都会でも地方でも同じ価格であることが大事）」などと説明しているが，強い異論もある。

公正取引委員会は1991年から「再販制度は競争にマイナスの影響を与えるので原則違法」との観点から見直し作業を始めたが，2001年に「当面は存置することが相当」との結論を発表，現在もその方針が続いている。当面存続の理由は，「競争政策の観点からは廃止すべきだが」，「新聞の戸別配達制度が衰退し，国民の知る権利を阻害する可能性があるなど，文化・公共面での影響が生じるおそれがあるとして，同制度の廃止に反対する意見も多く，なお同制度の廃止について国民的合意が形成されるに至っていない状況にある」というものだった。

　しかし，先にも述べたように，再販制度があるために定価販売が義務づけられ，個々の店の才覚による販売作戦や値決めができず，それがかえって出版流通システムを硬直化させている面もある。小田光雄は「書籍流通における委託販売と，書店が自由に価格を設定できない再販制が，現在の出版崩壊の原因である」と述べている[23]。

「本」をめぐる風景の激変●　90年代に約1万件の書店が廃業したとも言われるが，潰れた書店の多くは駅前商店街などにあった小さな書店，言ってみれば，本を通して読者と強く結びついて，一つのコミュニティを形成していた「本屋らしい本屋」である。町の書店の倒産が話題になり始めたのは1970年代中ごろで，その後，毎年1000件前後が潰れてきた。

　先の開店閉店状況のデータでも推定できるように，全体の売り場面積が減っているかというと，むしろ逆に増えている。それは郊外にどんどん大型書店が誕生したからである。名古屋の三洋堂書店が1975年に郊外店第1号を出し，郊外住宅ラッシュとマイカー時代にうまく適合して成功したのが最初だと言われている。この郊外型書店が商店街書店に大きな打撃を与えた。

　それまで，書店は他の商売とは違う文化事業で，書店の客も単なる消費者ではなく一定レベルの知識人だと考えられていた「本をめ

---

[23]　小田光雄『出版社と書店はいかにして消えていくのか』，同『ブックオフと出版業界』

ぐる風景」ががらりと変わり，書店の産業化，チェーンストア化が始まった。雑誌がコンビニエンスストアで売られるようになって，町の書店の打撃はさらに大きくなった。

　ここにも，取次が大きく関係している。取次はただ配本するだけではなく，書店経営や流通システムに大きな影響力を行使してきた本の「商社」でもある。書店を新規開店するには，一定数の書籍・雑誌を揃えなくてはならないが，翌月支払いの雑誌はともかく，書籍に関しては取次が支払いを何年か猶予する，といった便宜を図ってきた。これが大型店の開店ラッシュを可能にすると同時に，取次の売掛金を増加させることになった。郊外に大きな土地を持っている人が，それを有効利用するには，郊外型書店が手っ取りばやかったわけである。仕入れ業務も実際には取次まかせだから，本に対する知識や愛着も必要ない。その結果として，店頭にはベストセラー，エンターテイメントと実用書，コミック，新書や文庫などが並ぶようになった。

　変化の区切りは，1974年の石油ショックのころで，文芸評論家の紀田順一郎は1978年に出した『読書戦争』という本を「近頃，本屋に行くのが楽しくなくなった」と書き出している。小田も，近代読者の全盛はオイルショックあたりで終焉したとして，その変化を「出版社→取次→商店街の書店→読者」という流れから「出版社→取次→郊外型書店（コンビニエンスストア）→消費者」への変化と位置づけている。

「ブックオフ」の登場●　　町の書店の「読者」が郊外型書店の「消費者」に変わった時，本は読み終えたら捨てる消耗品になった。生産する側の意識も変わった。あるベテラン編集者が十年ほど前，こう述懐するのを聞いたことがある。入社したころは「いい本を作れ」と言われた。そのうち「売れる本を作れ」と言われるようになった。今では「いますぐ売れる本を作れ」と言われる，と。一度ベストセラーが生まれると，同一筆者によるものか，よく似たタイトルの本が次々誕生するのも，「本」そのものの変化と大いに関係があるだろう。

そういう状況下に登場したのが，本のリサイクルともいうべき新形態の古書店である。その典型が「ブックオフ」で，1990年5月に最初の直営店が神奈川県相模原市に開店した。経営者はこれまで出版業界に縁のなかった人だが，その後の成長はめざましく，2008年3月現在で，全国に1040店（直営店287店，加盟店590店，スポーツ，子供用品など関連店など）を展開している。

　新古書店の仕組みは，だいたいのところ，不要になった本を定価の1割程度で買い，「新しい本」，「きれいな本」を定価の5割程度で売る。汚い本や古い本，一定期間に売れなかったものは一律，100円コーナーに移す。全作業がマニュアル化され，店員はパートかアルバイト。ブックオフは本の「価格破壊」として登場したが，本という「価値破壊」そのものでもある。ここが従来の古本屋とは違う。古本屋では，むしろ本の内容（メッセージ）の価値が重視され，絶版本とか，貴重本は定価よりもはるかに高くなったりするが，新古書店では，本の内容への考慮はほとんどなく，もっぱらメディアの新しさ，きれいさが評価基準になる。だから，小林秀雄全集全12巻セットを1200円で買ったという人も出てくる。

　同じ本が，一方の棚で定価の半額で売られ，他方で100円コーナーに並んでいたりする。ブックオフをめぐっては，出版社→ブックオフ（出版社の中古としての直接卸し），ブックオフ→書店→出版社（書店がブックオフで買った新品同様の本を返品扱いにして出版元に返す），書店→ブックオフ（ブックオフに売るための書店での万引き）といった合法，非合法なアングラ・ルートもあるようで，本の流通システムは破綻寸前といっていい。委託販売と再販制に支えられた従来の流通システムの制度疲労を突いた「鬼っ子」的存在と言われるわけである。

　ブックオフにはブックオフのよさもあり，便利に使っている方も多いだろうが，小田光雄は「私の眼からみれば荒涼たる風景としか思えない。文学，思想，いや文化そのものを馬鹿にしている。古書店も含めて近代出版界が営々として積み重ねてきた集積を否定することでなりたっている」と嘆いている[24]。

　新聞におけるジャーナリズムの衰退と出版危機とは，深いところ

でつながっている。

押し寄せる電子化の波

　インターネット元年と言われる1995年以降，出版界の電子化が進んだ。本のDTP（デスクトップ・パブリッシング）制作，CD-ROMなど新メディア，アマゾン・コムなどのオンライン書店，あるいはオンデマンド出版など，これらのデジタル化の波は，すでに何度もボディブローを受けてきた出版業界への最後の一撃とでもいうべきショックをもたらしている。

　雑誌が売れない理由の一つは，ケータイの普及であることは間違いないだろう。かつて通勤サラリーマンが週刊誌を買ったのは，車内の暇つぶしのためでもあった。いまはケータイさえあれば，メールを書いたり，ニュースを見たり，ゲームを楽しんだり，やることはたくさんあり，週刊誌を買う必要はない。

　評論家の加藤典洋は「『現実逃避』としての読書も，『退屈しのぎ』としての読書も，『情報獲得』のための読書も，『考える糧』としての読書も，みんな別のものにとって代わられた」と言っている。本は，それらすべてを満たすものだったはずだが，それらがいまや個別に充足されるようになっているわけである[25]。

　24）　小田光雄『ブックオフと出版業界』。ついでに，小田の以下の言葉を紹介しておこう。「昔だったら，駅弁を買うとフタの裏側についている御飯を食べることからはじめるというのが当り前で，駅弁を食べる姿にもそれなりの佇まいがありました。それがひとつの食の文化ではなかったでしょうか。……。食べ物が捨ててある風景も日常茶飯事のものとなりました。食事なら捨てられませんが，エサだから捨てるんではないでしょうか。……読書が精神の営みではなく，単なる消費的行為になった。本が精神にかかわるものなら捨てられないが，消費財や単なる情報だったら簡単に捨てることができる」(p.35)。

　25）　粉川哲夫・関川夏央・加藤典洋「新しい読書の習慣は生まれるか？」（『季刊・本とコンピュータ』2002年秋号座談会，大日本印刷）での発言。

9
編集という仕事

　総メディア社会とは，だれもが情報発信の手段をもった社会のことである。そこでは「読み書きそろばん」ならぬ，「読み書き編集」が万人の基本素養になる。これまで，編集という作業はプロの仕事として，主として出版メディアで育まれてきた。編集者と言えば，もっぱら書籍や雑誌の編集者を指したのである。
　その編集の技術を，これからはみんなが学ぶ必要がある。私は，この「読み書き編集」を「狭義のサイバーリテラシー」と位置づけているが，ここで，出版産業の得がたい財産とも言うべき編集という仕事について考えておこう。

編集者は縁の下の力もち

　新聞の主役が記事を書く記者なのに対して，書籍の主役は編集者である。雑誌の場合は，記者と編集者の二役を演じることが多い。記者が自分で取材して記事を書くのに対して，編集者は作家やジャーナリスト，法律家，学者，その他さまざまな人たちに原稿を依頼，それを本にまとめるのが仕事である。雑誌の場合は，特集などの企画を立てて，それにふさわしい筆者を探す。
　プロの編集者の典型は書籍編集者である。常盤新平『アメリカの編集者たち』に，こんな話が紹介されている[26]。
　さっぱり売れなかったアメリカの純文学作家，マリオ・プーゾはある日，友人の紹介で訪れた出版社の編集者に向かって，子どものときから見聞きしてきたマフィアについて小一時間ほど話した。編集者はその場で「その話を小説にしないか」といって5000ドルの印税前払い金を払った。こうして生まれたのが，映画でも大ヒットし

---

26)　常盤新平『アメリカの編集者たち』新潮文庫，1986年

た『ゴッドファーザー』である。編集者の視点がベストセラーを世に送り出したことになる。

　作家は作品を創造し、編集者は作家に発表の機会を与え、その創作活動を支援する。だから、作家と編集者は二人三脚の関係にある。作家にとって作品を発表できるメディアをもっている編集者は、ある意味で絶対の存在であり、また編集者にとっては、すぐれたライターを発掘することが至上命題である[27]。

　著者と編集者との関係は、個々の人間関係によって違うし、文芸、時事、スポーツ、コミックなど分野によってもずいぶん違う。「スーパーエディター」だと自称していた今は亡き文芸編集者、安原顯の『決定版・「編集者」の仕事』[28]には、哲学者の鷲田清一がサントリー学芸賞を受賞した『モードの迷宮』を書き上げた経緯が、鷲田の文章を引用して紹介されている。

　鷲田は、編集者である安原によって、思いもつかなかったファッションに関する原稿執筆を依頼され、とんでもないと断ったものの、執拗だが心のこもった再三の催促にしだいに心が傾き、ついに連載をはじめたのだと言う。彼は「この文章を書くことで、哲学の覚悟のようなものがぼくのなかに出来上がったように思う」と述べているが、著者からこういう言葉を捧げられることは、編集者冥利につきるといえるだろう[29]。

　編集者は、縁の下の力持ちである。黒子に徹し、表にはあまり出ない。本のあとがきで筆者から謝辞を捧げられることが多いが、それを固辞する人もいる。文学全集などの口絵にある集合写真に、「一人おいて」と説明されているのがたいてい編集者である。

---

27) 『サラリーマン金太郎』などで有名な漫画家の本宮ひろ志は、いまや業界の大御所的存在だが、デビュー前は書いた作品を集英社の編集者に見てもらっていた。編集者との共同作業で最初の作品を発表、やがてヒット作『男一匹ガキ大将』を描くが、その辺の経緯が『少年ジャンプ』編集長だった西村繁男の回想記、『さらば　わが青春の「少年ジャンプ」』（飛鳥新社、1994年、後に幻冬舎文庫に収録）に興味深く書かれている。

28) 安原顯『決定版・「編集者」の仕事』（p. 321）

29) 鷲田は現在、大阪大学総長だが、2008年8月4日付朝日新聞の対談でも安原顯にふれて、「編集者の故・安原顯さんに、一般向けに書くときは哲学用語を使うな、と鍛えられた」と述べている。

編集者は作家の希望をかなえるべく，裏方の仕事をすることが多い。必要な資料の収集，取材旅行の段取り，会合の設定など。ときには締め切りに間に合わせるために，仕事に没頭できる環境（都心のホテルや郊外の温泉宿）を提供して，作家を「缶詰め」にする。作家の方では，その包囲網を抜け出して酒を飲みに行ったり，遊びに行ったり，あるいは締め切りがより切迫している他社の原稿を書いたりするので，それなりにたいへんな業務である。作品内容に介入することはほとんどなく，最初の読者として，基本的な疑問をただしたり，初歩的なあやまりを見つけたりする。だから，いろんな会合にも顔を出し，設定もしたりして，作家たちといっしょに写真におさまることも多い[30]。

編集者とは何か

編集者の実務としては，本をどのような判型にして，どんな紙を使うか，定価をいくらにして，何部くらい制作するか。斤量（紙の厚さ）はどのくらいか。ハードカバーか，ソフトカバーか，中身にふさわしい表紙の装丁をどのデザイナーに頼むか，などがある。活字の大きさ，フォント（書体），行間や字間の開け方などページの

30）「缶詰め」に関しておもしろいエピソードを紹介しておこう。東京・駿河台の山の上ホテルは一時，出版社が筆者を「缶詰」にする場所として有名だった。あるとき，そこで政治学者の丸山真男が執筆作業をしていた。仲居がお茶を持ってきて，「先生，大変ですね」と声をかけながら，「隣の部屋では柴田錬三郎さんが缶詰めになっておられますよ」と言った。柴田錬三郎は「眠狂四郎」シリーズなどで有名な時代小説作家である。丸山真男は，資料の山に囲まれながら，思わず「資料を読まなくても書ける人がうらやましい」とつぶやいた。

この仲居が，あとで柴田錬三郎の部屋に行ったとき，「隣の丸山先生が『資料を読まないでも書ける人がうらやましい』と言っていましたよ」と話した。そのとき柴田錬三郎はこう言った。「資料を読めば書ける人がうらやましい」。

この話を，また仲居から聞かされた丸山真男は，「いやあ，これは一本とられた」と頭をかいたとか。この話は，たぶん丸山真男がどこかで書いていたのを読んで記憶しているもので，原典にあたったわけではないので，細かいところは間違いがあるかもしれない。しかし，資料と格闘する学者ともっぱら想像力が頼りの作家の，同じ物書きながら，異なる創作活動のあり方をたくまずして示している。

基本的組み方，いわゆる組版も考える。さらには，添付する図版，イラスト，写真などの手配をしながら，作家，デザイナー，校閲マン，カメラマン，イラストレーターなどの協力を得て1冊の本を生み出す。

　雑誌の場合は，ロゴ（タイトル・デザイン），表紙といった顔にあたる部分のデザインや，どういう紙を使うか，活字は横組みか縦組みか，フォントの大きさはどのくらいかなどの基本フォーマットを決める。

　本のデザイン作業は装丁と呼ばれる。表紙，カバー，見返し，扉，さらには帯など，いわゆる表紙まわりをデザインする。本のテーマ，内容を読み込んで，それにふさわしい表現を考えるのがデザイナーの仕事である。

　表紙は本の顔だが，最近はその上にカバーをかけるのがふつうで，カバーは書店の店頭で本をめだたせるために，表紙よりはるかに派手な化粧をほどこす。見返しというのは，表と裏の，表紙と本文との間に赤とかブルーとかいったきれいな紙をはさんで，一方は表紙の裏に張りつけ，残り半分を「遊び紙」とする，しゃれた装いのことである。扉は文字通り本文の最初のページで，書名（タイトル），著者名，出版社名を記す。帯は，カバーの下方部分に巻いて宣伝文句をつらねたもので，「腰巻」とも呼ぶ。小説が出版後に文学賞をもらったりすると，「芥川賞受賞！」などと新しい帯をつくって，売り込みに拍車をかける。

　戦後まもなく，雑誌『理論』を創刊し，その後，創作児童文学の世界で大きな業績を残した出版人，小宮山量平は，編集者の資質として以下の3点をあげている[31]。要約すると，

　第1は，つねに総合的認識者という立場を持続できること。森羅万象にすなおに驚き感動する心をもち，しかも一つの専門にかたよらない。むしろ専門自体になることを拒否することで総合的認識の持続をつらぬく気概をもつこと。

---

31) 小宮山量平『編集者とは何か』(「編集者というエキスパート」p. 10-22)

第2は，知的創造の立会人という役割に徹すること。それはアシスタントであり，ときにアドバイザーでもある。そのためには，あらゆるものの存在理由について無限の寛容性をもつ「惚れやすさ」，著者の創造過程に同化しつつ，著者を励ます「聞き上手」，そして相対的批判者の立場から誉め批評ができる「ほめ上手」の3つの役割を，うまく果たさなければならない。
　第3は，自分が制作する出版物を広く普及するため，特有の見識をそなえ，力倆を発揮しうること。

　編集という職業に惚れぬいた人の，思わず襟を正してしまう指摘である。第1について言えば，編集者は何にでも興味を持たないといけない。だから，おたくは編集者には向かない。すべてに好奇心を持つ，言葉を悪く言えば，浅く広く，何でも知っていなくてはいけない。
　編集者は最初の読者である，とも言われる。だから，第2の「惚れやすさ」，「聞き上手」，「ほめ上手」というのは大事である。原稿を見た途端に，「先生，あまりおもしろくないですねえ」などと言ったら，書く方はすっかり萎縮してしまう。
　第3は，先に述べた実務である。

万人が編集者になる時代

　インターネットの普及で，ブログやSNS，あるいはウエブなど，自分で情報発信する機会が増えている。すべてのパソコンが四六時中インターネットに結ばれ，あらゆる情報がウエブ（ホームページ）を通じてやりとりされる。企業はウエブを通じて電子商取引を活発化しているし，個人の場合も，オンライン・ショッピング，さまざまな情報収集，役所の手続きなどをウエブ経由で行い，さらには自作のホームページやブログを使って情報発信している。コンピュータは，万能情報処理マシンとして，15世紀のグーテンベルクによる活版印刷術発明以来の革命的変化を現代社会にもたらしている。

現代社会は，万人が編集者になる時代である。その意味は，文章を書くことからはじめて，それを美しいデザインの文書に仕上げるまで，その全工程を1人でこなすということである。そうしないと，これからの情報環境は汚いものになってしまうだろう。

たとえば谷崎潤一郎は1934年に書いた『文章読本』で，古いカルタにあった百人一首の和歌などを思い出すとき，和歌そのものだけでなく，カルタの草書や変態仮名の文字もあわせて思い出す，ということを述べた後で，こう書いている。

>「今日の文章は，ほとんど総べて活字に印刷されておりますが，しかし活字だからと云って，そういう関係がないことはありません。或る文章の内容が読者の脳裡に刻み込まれる時は，それを刷ってある活字の字体といっしょに刻みこまれ，思い出されるときも一緒に思い出されます。故に今日でも，文字の巧拙は問題でなくなりましたが，文字の組み方，即ち一段に組むか二段に組むかと云うようなこと，それから活字の種類と大きさ，ゴシックにするか，ポイントを使うか，四号にするか，五号にするかと云うようなこと，並びに文字の宛て方，或る一つの言葉を漢字で書くか，平仮名で書くか，片仮名で書くかと云うようなことは，その文章が表現しようとする理論や事実や感情を理解させる上に，少なからぬ手助けとなったり妨げとなったりするのであります」[32]。

文章以外の要素が重要だと言っているわけだが，電子メディアは，活字の詰まった本よりも，さらにそっけないものになりがちだ。本には，紙に刻印された活字の跡，紙の色や手触り，かすかなインクのにおい，装丁の美しさなど，物としての存在感があるが，電子メディアでは，ディスプレイ上に活字や写真や図表があるのみである。そのそっけなさをさまざまな工夫で補うのも，これからの情報発信者＝編集者の仕事である。

---

32) 谷崎潤一郎『文章読本』(中央公論社，1934年，中公文庫版 p.39)

電子メディアならではの利点も，制約もある。電子メディアは受け手がフォントや大きさ，デザインなどを自由に変更できるから，送り出すデザインには自ずから限界が生じるが，そういう中でも見た目の美しさに配慮したい（プリントアウトして提示するときは，デザインは固定化される）。

　文芸評論家の外山滋比古は，人間の精神活動そのものが広義の編集作用であると言っている。人間の記憶がすべてを永久不変に覚えているわけでない以上，そこには好むと好まざるとにかかわらず，記憶の編集作業が働いている。だから，「人間として生きるかぎり，拡大された意味でのエディターシップと無縁ではありえ」ず，「新聞，雑誌などの『編集』は，その氷山の小さな一角のさらにまた特殊な一部でしかない。したがって，エディターシップとは，いわゆる編集にその露呈を見せている全人間的機能ということになる。人間の文化とはこの広義のエディターシップの生んだ文化である」。そして，彼は「われわれはすべて，自覚しないエディターである」と結んでいる[33]。

　総メディア社会では，万人が「自覚したエディター」にならなくてはならない。

33）　外山滋比古『エディターシップ』(p. 190)

10
ラジオとテレビ

　新聞や出版も，高速輪転印刷機や製本機械，カメラ，流通システムなど，それを支援する技術と無関係ではないが，放送(broadcasting)は電波という物理的に有限な媒体（メディア）を排他的，独占的に使用することで成り立つ，技術によって大きく制約されたメディアである。電波（周波数）の割り当てや標準方式の策定などで国家による管理や国際的な協調が不可欠だが，一方で，その社会的影響力の大きさからも，権力に介入されやすい制度的側面を持っている。

　ちなみに，「放送」という言葉は，船舶の無線電報において，無線局が個々の船舶の往信を得ずに一方的に送信していたのを「送りっぱなし」の意味で放送と呼んでおり，これが放送制度立案に際して，broadcasting の訳語として採用されたという（小学館『日本国語大辞典』）。

ラジオの誕生

　ラジオ(radio)は無線電信や無線電話を意味する radiotelegrapy, radiotelephony の略で，イタリア人技術者，グリエルモ・マルコーニによる無線通信実験の成功がラジオの歴史を開いた。

　1912年，イギリス豪華客船タイタニック号が沈没した際に発せられた SOS 信号は，無線通信の実用性を広く認識させた事例として有名だが，ほどなくして勃発した第一次世界大戦では，新しい通信手段としての無線通信技術がさかんに利用された。そこでは point to point の伝達だけでなく，陸上の無線局から各艦船にあてて同時にメッセージを伝達する (broadcast) ためにも使われた。

　アメリカ政府は戦後，この無線技術を民間に開放する。その結果，国際通信会社を作ろうという動きが持ち上がり，1919年にゼネラ

ル・エレクトリック社（GE）を母体にRCA（Radio Corporation of America）が誕生した。その営業部長が，マルコーニ社でタイタニック号のSOSを受信して全世界に流し，一躍名を高めた無線通信士，ダビッド・サーノフである。彼は無線（wireless）を放送（broadcast）へと転換させるのに大きな役割を果たした。

　当時すでに無線を使って音楽を流すといった実験が各地で行われていたが，サーノフはこのone to one的な実験を傍受しようとするアマチュア無線家の多いことに着目，その事業化を考えた。しかしサーノフより早く，ウエスティング・ハウスが1920年にピッツバーグに最初の放送局，KDDAを開局，大統領選挙の開票速報を流した。サーノフはこれに対抗してニューヨークに放送局を開局，21年にはボクシングの世界ヘビー級タイトルマッチの実況放送を行い一矢報いると同時に，ウエスティング・ハウス社の局も譲り受けて，1926年に放送会社「NBC（National Broadcasting Company）」を設立した。

　軍事用の通信機を作っていたゼネラル・エレクトリックやウエスティング・ハウスなどのメーカーが，ラジオ受信機の販売促進用に考え出したのが定時放送をするラジオ専門局だったわけである。やがて放送局は独立した企業へと発展，音楽，スポーツ実況，ドラマなどの番組が作られていく。NBCに続いて，CBS，MBSネットワークも誕生，1930年代，アメリカはラジオ時代に突入した。

　無線といえば，送信と受信ができる双方向メディアである。その送信機能と受信機能を切り離し，受信専用機を大量に売るために，受信内容を専門に提供する放送局を作り上げたメーカーの戦略が，一方向メディアのラジオを出現させたわけである[34]。

34）東京大学情報学環准教授の水越伸は『メディアの生成　アメリカ・ラジオの動態史』でこの問題に注目し，大略，以下のように書いている。
〈1920年前後になると，お互いにメッセージを送受信しあう楽しみのための無線は，だんだんとラジオと呼ばれるようになった。無線機からは送信機能がとり除かれていった。ウエスティングハウスというメーカーが，無線機をひとつの商品として売り出すことを思いついた。そのための販売促進手段として，劇場やコンサートと同じように，プログラムが定められた。毎日のプログラムをこなすための主体は，徐々に電話局のような複数の人間が働く組織として肥大化した。こうして，無線の

オーソン・ウエルズの「宇宙戦争」● 後に映画「市民ケーン」で有名になるオーソン・ウエルズが，1938年10月30日のハロウィン前夜に，アメリカのラジオ番組 Mercury Theatre on the Air で H・G・ウエルズ原作の『宇宙戦争』(The War of the Worlds) をラジオ番組化して放送した。火星人が地球に侵略するという荒唐無稽な筋立てをいかにリアルに見せるかに工夫が凝らされ，最初に音楽を流しながら，そこに「臨時ニュースを申し上げます」とニュース仕立てで物語を進行させた。このため，多くの視聴者が実際の火星人侵略が進行中だと信じ込み，一大パニックが出現したと言われている（侵略がフィクションだとの断りは数回にわたって挿入されていたが，気づく人は少なかったようだ）。

このニュース仕立てのドラマを聞きながら，あわててマンションの部屋から街路を見下ろした視聴者は，そこに車の渋滞を認めると，皆があわてて逃げていると錯覚し，逆に街路にほとんど車がいないのを目撃した人は，すでに皆逃げてしまったと思い込んだといった社会心理学研究の題材になったりもした。この騒ぎの背景には，ナチスの侵略におびえていた当時のアメリカ人の心境なども影響したらしいが，ラジオというメディアの持つ人びとの想像を掻き立てる効果があらためて注目された。ラジオの発達に警戒を強めていた新聞が，新興メディア攻撃のため故意に書きたてたものだとも言われている。

まだ23歳だった鬼才，オーソン・ウエルズの名は一夜にして有名

送信活動と，受信活動は分化し，送り手はプロフェッショナルに，受け手は大衆へと固定化されていった (p. 5)〉。さらにこうも書いている。〈新しいコミュニケーション・テクノロジーやメディアは，普及するにつれて，初期に関わった少数の人々の理想主義的なビジョンからズレながら生々発展し，やがて資本の運動と連動しながら，私たちの生活世界の隅々にまで浸透していく体制的構造物となってしまう運命を背負っているのだろうか (p.77)〉。

メディアというものがどのように発達していくかを考えるときに興味深い事実，および指摘である。これも本書で紹介されているが，ラジオとは逆に双方向メディアとして普及した電話が，やはり普及初期にはニュース，音楽などを流す一方向メディアとして使われた例もある。その中でも有名なのがヨーロッパのブタペストの「テレホン・ヒルモンド」らしい。インターネットというメディアも，ビジネスの思惑，利用者の楽しみ方などによって，さまざまに変化していくだろう。

になった。社会的非難にもさらされたが，逆にハリウッドに才能を見込まれ，数年後に映画『市民ケーン』を製作，世界的名声を得ると同時に，再び物議をかもすことにもなった（「市民ケーン」のモデルは新聞王，ウイリアム・ハーストとされ，映画制作中からさまざまな妨害が行われた）。

古いメディアと新しいメディア

　オーソン・ウエルズの『宇宙戦争』をめぐる騒ぎは，新興メディアに対する新聞のやっかみによってたぶんに誇張された形跡があるという話に関連して，古いメディアと新しいメディアの関係についてふれておこう。

　ラジオ普及初期には「プレス・ラジオ戦争」と呼ばれる時期があった。その際，プレス（新聞）はラジオ番組欄の掲載を有料化することを主張した。番組を載せてやるから金を払え，と言ったわけである。実際にはその通りにはならなかったようだが，古いメディアが新しいメディアを軽視する，あるいは冷遇するのは，いつでも起こることである。島桂次元NHK会長に聞いた話だが，彼がまだ平社員だったころ，NHKではラジオの方が主流で，「テレビは電気紙芝居だ」と仲間内では低く見られていたという。

　これは『サイバーリテラシー概論』でも紹介したが，ブラウザーの開発者，マーク・アンドリーセンがWWWに画像を取り入れようとしたとき，WWWの開発者ティム・バーナーズリーに「WWWに画像を入れるとは何ごとか」とどなりつけられという。アンドリーセンによれば，バーナーズリーは「これはまじめなメディアであり，まじめな情報を流すところだ」と考えていたため，WWWのビジュアル化で軽薄な情報が入ってくることを懸念したのだという。

　映画の発展過程にあって，チャーリー・チャプリンをはじめとする無声映画の巨匠たちがトーキー導入に難色を示した話が思い出される。黒澤明なども，カラー映画を撮るようになったのはずいぶん

後になってからである。

　古いメディアの人間は，どうしても新しいメディアに冷たいし，またそれを理解するのが苦手でもある。新聞が当初，インターネットに冷淡だったのも同じだと言えよう。しかし新しいメディアは，必ずしも古いメディアの延長線上にあるわけではない。インターネットを古いメディアの類推だけで捉えるのは間違っている。この辺の事情を『メディア論』などで有名なカナダのメディア研究家，マーシャル・マクルーハンは「官製の文化はいまだに新しいメディアに古いメディアの仕事をさせようと務めている。しかし，馬を必要としない車は，馬の仕事をしたのではない。それは馬を廃し，馬のできないことをやったのである」[35]と述べている。

　今から6億年ほど前の古生代カンブリア紀に多数の多細胞生物がどっと誕生したらしく，「カンブリア爆発」と呼ばれている。現在生息する主要動物群は，徐々に数を増すのではなく，事実上そのすべてが，まさに爆発的に（地質学的には，あっという間の数百万年で）出現したという。

　その爆発的な出来事が終了した直後の，それらすべての動物がまだ生息していた海底の様子を奇跡的に今に伝える化石群が，20世紀初頭にカナディアン・ロッキー山中で発見された。有名なバージェス頁岩で，収集された当初は，これら化石群は現存している生物の祖先と見られたが，じつは大半がすでに滅び去ったものだということが，地味で精力的な研究の結果明らかになっている。

　古生物学者のスティーヴン・グールドは，この研究者たちの静かなドラマを記した本の中で，「生物は単純なものから複雑なものへと一直線に進化したわけではなく，45億年という地球の歴史の中で，圧倒的な多数の生物は滅び，現在の動物たちは何らかの偶然によって生き延びたにすぎない」と述べている。これと同じように，現在の「電子メディア大爆発」から生まれたメディアは，政治的，経済的，社会的なファクターの絡み合う中で，成長，衰退を繰り返して

　35）　マーシャル・マクルーハン他『マクルーハン理論』（大前正臣，後藤和彦訳，サイマル出版会，マクルーハン「メディアの履歴簿」p.59）

いくだろうが，今後のメディアの盛衰を考えるとき，グールドの次の言葉は興味深い。

「動物は通常時には自然淘汰の働きのもとで，特定できる理由によってサイズや形状，生理的特長などを進化させるが，激動時には生存のための『別規則』が現れ，新しい規則の下では，それまで繁栄をもたらす最上の特性だったものが死を告げる弔鐘となり，それ以前には何の意味もなかった特性が，逆に生存の鍵を握ることもある」（要約）[36]。

戦前のラジオ

　欧米でのラジオ普及にともない，日本でも放送への関心が高まった。明治以来，通信事業は政府の手で管理，運営されており，放送に関しては早々と，経営主体を民営にするが，限りある電波を使うことを理由に，事業を許可制とする方針が決まった。さらに，放送事業体の性格は営利を目的としない「社団法人」とすることになった。

　新聞社，機器メーカーなどが放送出願したが，その数が多く，地域ごとに行政指導で調整することになり，結局，東京，大阪，名古屋の3地区で放送局が誕生する。役員には出資した民間人が選ばれたが，政府の監督は厳しく，常務理事には逓信省の役人が天下りしている。

　1925（大正14）年3月，社団法人・東京放送局が芝浦の東京高等工芸学校の一部を借りて作った仮事務所から放送を始め，その後，7月に東京都港区の愛宕山に移った。こうして愛宕山は「放送のふるさと」になった。

　ついで大阪，名古屋でも放送が始まるが，1926年には官主導のもとに3局は統合され，社団法人・日本放送協会（NHKの前身）が

36）スティーヴン・グールド『ワンダフル・ライフ』（渡辺政隆訳，早川書房，p.471）

誕生した。日本のラジオは政府の厳しい言論統制のもとにスタート，戦時下においては，放送番組の編成に国が直接関与するようになる。

1941年12月8日，太平洋戦争の開始を伝える臨時ニュースが流れ，放送事項の指導取締まりに当たっていた情報局は，戦況ならびに推移に関しては大本営の許可したもの以外は一切報道禁止の通達を出す。こうしてラジオは「敗戦」を「転進」と言い繕う大本営発表を一方的に流すメディアとして政府（軍）に利用されていった。

放送法とNHKの新スタート

1945年8月15日正午，昭和天皇はラジオマイクの前に立って「終戦の詔書」を読み上げた。これが「玉音放送」である。

GHQのもとで日本の非軍事化と民主化が進められ，マスメディアに対しても，プレス・コード，ラジオ・コードが公布された。ラジオ・コードは客観報道をうたうと同時に，連合国や占領軍に対する批判などを禁じた。

1950年5月，電波法，放送法，電波管理委員会設置法の電波3法が成立，公布された。放送法では，戦前の反省のもとに，放送行政の3大原則（放送の最大限の普及・表現の自由の確保・民主主義発達への寄与）が明記された。現在の特殊法人・日本放送協会（NHK）は放送法にもとづいて，「公共の福祉のために，あまねく日本全国において受信できるように豊かで，且つ，良い放送番組による国内放送を行い又は当該放送番組を委託して放送させるとともに，放送及びその受信の進歩発達に必要な業務を行い，あわせて国際放送及び委託協会国際放送業務を行う」ために設立されたもので，社団法人・日本放送協会の事務を引き継いだ。

電波管理委員会は，何かと利権がからむ放送・通信行政を政党や官僚の関与から独立させて，公正・中立な独立行政委員会の所管にしようと，GHQがアメリカのFCC（連邦通信委員会）をモデルに提案したものだが，占領が終結し日本が独立した直後の1952年，行政権は内閣に属すべきであるとする吉田内閣によって廃止され，放

送を含む電波行政は郵政省の所管に移る。
　こうして戦後の放送体制がスタートした。

懐かしいラジオ番組●　　1956年，愛宕山にオープンしたNHK放送博物館の「ラジオ・アーカイブズ」には，戦前戦後の代表的放送番組のリストが掲げられており，その下の赤いボタンを押すと，年配の人には懐かしい音楽や番組の一部が聞ける。左側にある戦後の番組の一部は，以下のようなものだ（カッコ内は放送年）。

話の泉	1946〜　64
鐘の鳴る丘	1947〜　50
二十の扉	1947〜　60
とんち教室	1949〜1958
三つの歌	1951〜1970
君の名は	1952〜　54
ひるのいこい	1952〜
新諸国物語・笛吹童子	1953

　「三つの歌」は宮田輝アナウンサーの司会。「君の名は」は，その放送時間中は銭湯の女湯が空になると言われた菊田一夫作の真知子と春樹のすれ違いメロドラマ。「忘却とは忘れ去ることなり。忘れ得ずして忘却を誓う心の悲しさよ」という来宮良子のナレーションも印象的だった。その後，岸恵子主演で映画化もされ，ヒットした。「ひるのいこい」は全国の「農事通信員」からの便りで綴る，現在でも続いている長寿番組である。このテーマ音楽を懐かしく思い出す人も多いだろう。こうしてみると，テレビ以前のラジオの大きな役割にあらためて気づく。

民放の誕生とテレビの時代

　放送法と電波法の成立によって商業放送の道も開かれ，1951年に名古屋の中部日本放送，大阪の朝日放送が誕生し，長い間，日本の

放送を独占してきたNHK以外の民間放送が始まった。番組スポンサーからの広告収入でまかなう方式だったが，前年に始まった朝鮮戦争による特需ブームの影響で日本経済が活況を呈し，幸先のいいスタートとなった。

　日本でテレビ（television, TV）放送が始まったのは1953年である。読売新聞社長の正力松太郎がテレビに強い関心を示し，最初のテレビ予備免許を受けたが，開局はNHKが先行して1953年2月1日に本放送を開始，日本テレビは8月28日に最初の民放テレビ局としてスタートした。

　日本テレビは，関東一円の300か所近くに「街頭テレビ」を設置し，プロ野球やプロレスリングの中継を流して，テレビ人気を盛り上げた。力道山が活躍するレスリング中継に群がる人びとの写真は，いろんなところで報道された。

　保守合同による自由民主党の結成と左右社会党の統一で，戦後政治の「55年体制」がスタートした1955年は，日本経済の高度経済成長の起点「神武景気」が始まった年でもある。1956年の経済白書が「もはや戦後ではない」と書き，国民のくらしもしだいに楽になり，最初は高価だったテレビ受像機も庶民の手の届くものになる。

　とくに1959年4月10日の皇太子明仁親王と民間出身の正田美智子さんの結婚は，「ミッチーブーム」を呼び起こし，皇居から東宮仮御所までのパレードを見ようと，テレビの普及に拍車がかかったと言われている。

　こうして，お茶の間のテレビがメディアの中心になる時代，テレビ時代の幕が開く。

11
多メディア化の中のテレビ

　東京の観光名所でもある東京タワーは，当時，続々と誕生していた放送局の電波塔を一本化するために建てられたもので，1958年秋に完成している。関東一円，半径100キロ圏が送信範囲だった。評判になった映画『Always 3丁目の夕日』は，戦後の復興が進む東京・港区の下町が舞台で，冒頭に建設が始まったばかりの東京タワーが映し出され，映画の最後には塔が完成する構成になっていた。
　東京タワーはテレビ時代の象徴でもあったわけだ[37]。

テレビの発展

　カラーテレビは1960年に本放送が始まったが，当初は1日のうちカラー1時間，あとは白黒という状態で，カラー受像機がまだ高価だったこともあり，すぐには普及しなかった。1964年の東京オリン

表16　テレビ発達史

1958	東京タワー完成，運用開始
1960	NHKと民放4局がカラーテレビの本放送を開始
1963	人工衛星によるテレビ中継開始
1964	（東京オリンピック）
1968	NHK徳島教育テレビを皮切りに，民放も含めUHF局の開局ラッシュ 初の都市型ケーブルテレビ「日本ケーブルビジョン放送網」が業務開始
1972	NHKと民放各社，連合赤軍浅間山荘事件を現場から10時間に及ぶ中継 NHK総合テレビ，全番組をカラー化
1983	テレビ愛知開局，民放テレビ局が100局に達する
1989	NHK，衛星（BS）放送スタート（ベルリンの壁崩壊）
1991	民間で初の衛星放送局「日本衛星放送（JSB）」開局（湾岸戦争）
1995	（阪神淡路大震災，地下鉄サリン事件，インターネット元年）
2000	民放各社，BSデジタル放送開始
2001	（アメリカ同時多発テロ）
2003	地上波デジタル放送開始
2006	ケータイ向け地上デジタル放送「ワンセグ」，全国29都府県で放送開始

ピックを前に各メーカーが宣伝に力を入れ始め，1968年には各社の高機能カラーテレビが出揃った。それにともない価格も安くなった。1972年にNHK総合テレビが全番組カラー化，1973年にはカラーテレビ普及率が白黒テレビを上回る。

テレビの世帯普及率は1975年に90％を超え，名実ともにカラーテレビの時代が始まった。

テレビ視聴実態の変化

NHKが5年ごとに実施している国民生活時間調査によると，1955年，2000年，2005年の1日におけるテレビ接触時間（平日）は次ページの表17のようになっている。ついでに新聞とラジオも上げておいた。日本で1日のテレビ平均視聴時間が3時間を超えたのは，各局で朝から夜まで放送し始めた1965年からで，それ以後，少しずつ増減を繰り返したが，ほとんど変化がないと言われている。

日本人は平均して1日3時間以上，テレビを見ていることになる。2005年の年代別接触時間（表18）を見ると，女性の方が男性よりテレビをよく見ているが，男性の場合，10代，20代で2時間程度，50代までは3時間を切っている。逆に60代，70代になると4時間，あるいは5時間以上もテレビを見ている。全体のテレビ視聴時間はこの15年であまり変わっていないが（微増），若者の間ではきわめて短かくなっている。

ついでに他のメディアについてふれておくと，ラジオでも10代，20代では接触時間が減っている。新聞は（表19）全体でも少しずつ接触時間が減っているが，若年層の落ち込みが際立っている。新聞のところで若者の購読者が著しく減っていることは詳しく見た。

マスメディアは視聴者から見てもオールドメディアになっていることが明らかである。若い人たちの情報活動はすでに他のメディア，

---

37) 第2東京タワーが2011年に建設されるのにともない，その後どうなるのかが注目されている。

表17　メディアとの接触時間（平日）　（単位：分）

	テレビ	新聞	ラジオ
1995	199	24	26
2000	205	23	21
2005	207	21	23

表18　2005年のテレビ年代別接触時間（平日）　（単位：分）

	男	女
10代	126	132
20代	131	160
30代	135	165
40代	143	208
50代	176	233
60代	249	277
70代以上	322	329

表19　2005年の年代別新聞接触時間（平日）　（単位：分）

	男	女
10代	2	2
20代	6	4
30代	10	8
40代	14	16
50代	23	24
60代	44	29
70代以上	51	32

インターネットやケータイに移りつつある。ここではテレビがむしろ，まだ人びとの中心メディアであることを認識しておこう。

テレビの多チャンネル化

　テレビの視聴時間はもともとは地上波テレビに対するもので，今でもそれが大半を占めていると思われるが，先の年表で明らかなように，テレビには地上波ばかりでなく，衛星放送，ケーブルテレビ

など多くの形態が登場している。それらはアナログ放送からデジタル放送への転換もともなっており、まさにテレビの多チャンネル化である。用語の解説をしながら、多チャンネル化の実態を整理しておこう。

テレビ局が使用している電波は、周波数によってVHF (Very High Frequency＝超短波、30MHz～300MHz)、UHF (Ultra High Frequency＝極超短波、300MHz～3GHz)、さらに波長の短いSHF (Super High Frequency＝センチ波、3GHz～30GHz) に別れる。ここでMHzはメガヘルツの略、GHzはギガヘルツの略で、1GHzはだいたい1000MHz。ともに周波数の単位である。

ふつうの地上波はVHF帯を使っているが、1960年代後半から、より波長の短いUHF帯を使った地方局、いわゆるU局が続々誕生した。年表の1968年に「UHF局の開局ラッシュ」とあるのがそれだ。SHFは衛星放送で使われている。いま進められつつある地上波デジタル放送ではUHFが使われる。

衛星放送は、地上の電波塔から電波を送るのではなく、上空の人工衛星にいったん電波を送って、それを地上に送り返すことで、より広範な地域に電波を送る仕組みである。BSは放送衛星 (Broadcasting Satelite)、CSは通信衛星 (Communication Satelite) のことで、両衛星とも搭載した中継器（トランスポンダ）で地上から受信した電波を別な周波数に変換し、地上に再送信する。

BSもCSも、地上から見ると一定位置に停止しているように見える静止衛星である（実際には静止しているのではなく、地球と同じ周期で回っている）。BSとCSは当初、BSは広範囲な一般視聴者向け、CSは主に企業や業者向けの特定受信者向けという区分けだったが、その後の放送法改正もあり、現在ではあまり変わりがない。

BS放送は1989年にスタートしたNHKのBS放送が最初である。2000年には民放各社がBSデジタル放送をスタートさせた。東経110度方向に打ち上げられた放送衛星を使用している。

NHKなどのBSアナログ放送が2011年7月までに終了するのを機会に、総務省は新たに8～12チャンネルを増設する計画だが、新聞報道によると[38]、すでに放送業界、総合商社、外資系企業など100

以上の参入希望があるという。

　CS デジタル放送は1996年10月にスタート。後に述べる衛星放送事業者（プラットホーム）がスカイパーフェクト・コミュニケーションズだけなので，そのサービス名「スカイパーフェクTV」として知られている。110度 CS デジタル放送というのは，2000年に BS と同じ東経110度方向に打ち上げられた通信衛星を利用したデジタル放送である。

　ケーブルテレビ（CATV）は，もともと遠隔地や都市のビルの陰になって映りが悪いテレビ難視聴を解消するために，同軸ケーブルや光回線を使用して再送信するサービスとして誕生した。有線テレビジョン放送法にもとづき，地域密着型の経営でスタートしたが，規制緩和政策で地元事業者の要件が緩和されたために，今では複数の地域で運営する MSO（Multiple System Operator）が増えている。地上波，BS，CS などの番組再送信のほかに，自主番組を制作したり，インターネット接続サービスをしたりしている。

　情報デジタル化の波に乗って，地上波テレビも2011年までに全面デジタル化に移行する。2003年12月に東京，大阪，名古屋の NHK，民放で放送が開始され，現在放送されているアナログ放送は2011年7月で放送を終了する見込みだ。従来のアナログ受像機だけではデジタルテレビは見られないので，ユーザーも受像機の買い替えや新しいアンテナ，チューナーの取り付けを迫られている。

テレビをめぐる話題

　評論家の大宅壮一が，「一億総白痴化」という言葉で人間を低俗化させがちなテレビ文化を批判したのが1957年，テレビ放送が始まって4年後である。本人が後（1958年）に書いた「"一億総白痴化"命名始末記」[39]によると，この言葉は「よろめき」（三島由紀夫

38）　朝日新聞，2008年10月17日付朝刊
39）　大宅壮一「『一億総白痴化』命名始末記」（大宅壮一全集第3巻所収）。大宅

『美徳のよろめき』）といっしょに，同年の二大流行語になった。刺激本位の番組作りがいよいよ刺激を拡大し，「人間のもっとも卑しい興味をつつく方向に」進んでしまうとして，すでに「視聴率競争」の問題点が指摘されている。

「一億総白痴化」という言葉は「ラジオ・テレビの現状を論ずる人が，必ずといってよいほど，一回は，この言葉を引用する」ほどになった。テレビというメディアは，その影響力が大きいだけに，常に批判の対象にもなってきた。ここでテレビをめぐる論点をいくつか上げておこう。

視聴率●　視聴率は，NHK放送文化研究所でも定期的に個人視聴率を調べてウエブで公表しているが，主なものは視聴率会社が家庭のテレビ受像機に特殊な装置を備え付けて，その視聴実態を統計的に調べて発表している世帯視聴率である。

アメリカのニールセン社が1961年に日本で調査を開始し，翌1962年に国内の民放や広告会社の出資で，ビデオリサーチ社が設立された。ニールセンは2000年にテレビ視聴率調査から撤退し，現在はビデオリサーチの独占状態になっている。

視聴率調査の詳細は公開されていないし，どの家のテレビに機器が備え付けられているかも秘密にされているが，関東ではだいたい600世帯に設置されていると言われている。世帯視聴率では，家庭に2台以上のテレビがある場合は実態を反映していない面もある。

しかし視聴率は，テレビの視聴実態を示すほとんど唯一のデータとして，番組制作者やスポンサー企業など，テレビ関係者の大きな関心となってきた。スポンサーの広告料で成り立っている民間放送局にとって，視聴率のわずかな差が広告料金にはね返るし，視聴率が低いと，番組が早々と打ち切られることもある。

たとえば，2008年8月11日のアサヒ・コムは北京オリンピックの

壮一と言えば，「ジャーナリズムはすべてを四捨五入する」と言ったことでも有名だ。善人はいよいよ善人になり，女子大生なら成績もよく美人となり，逆に悪いことをすれば，性格も悪く，鬼のような男になってしまう。興味本位にデフォルメしがちなジャーナリズムの一面を鋭く突いている。

テレビ視聴率について以下のように報じている。〈北京五輪番組の視聴率（関東地区）が11日，ビデオリサーチ社から発表された。8日夜の開会式（午後8時55分，NHK総合）は37.3％だった。開会式としては，64年の東京（61.2％），84年ロサンゼルス（47.9％），72年ミュンヘン（40.6％）に次いで歴代4位。瞬間最高視聴率は9時27分の48.2％だった〉。

　番組の評価は視聴率だけで決められるものではないが，他に明確な基準がないために，視聴率は，NHKも含めて，テレビ番組のほとんど唯一の評価基準になっている。

視聴率競争と不正操作●　　視聴率でよく話題になるのが年末恒例のNHK紅白歌合戦である。関東地区に限って言えば，ビデオリサーチが視聴率調査を開始した1962年12月3日以降で最高の視聴率は，1963年12月31日の第14回NHK紅白歌合戦の81.4％だとされている。単純に考えて，日本全国の8割以上の家庭が紅白歌合戦を見ながら新年を迎えたわけである。

　ビデオリサーチのウエブに紅白歌合戦の暦年視聴率が公開されているが，1970年代から下降しはじめ，1990年代になると，50％程度まで落ち込んでいる。2008年は1部が35.7％，2部が42.1％である[40]。それにしても，紅白歌合戦が年末の国民的行事であることは変わらないようだ。

　民放の視聴率競争が熾烈になったのは1980年代である。放送業界では，テレビ視聴率が高い夜7時から11時までをプライムタイム，それよりやや短い夜7時から10時までをゴールデンタイムと呼んでいるが，これに全日平均をあわせた3つの視聴率でトップに立つことを「三冠王」と呼び，その獲得を競ってきた。TBSのお化け番組と言われた『8時だヨ！全員集合』（1969年～1985年）とフジテレビの『オレたちひょうきん族』（1981年～1989年）の視聴率争いは熾烈で，「土曜8時戦争」と呼ばれるほどだった。

　この視聴率競争の一つの反映が，2003年10月に，日本テレビのプ

40）http://www.videor.co.jp/data/ratedata/program/01kouhaku.htm

ロデューサーが探偵会社を雇ってビデオリサーチの調査対象4世帯を割り出し，金銭を渡して自分の製作番組を見るように頼んだという「視聴率不正操作事件」だ。それで影響が出るとしても，コンマ以下でしかないが，そのコンマ以下の数字に意味があるということだろう。

NHKと受信料不払い● NHKは公共放送であり，放送法において「協会の放送を受信することのできる受信設備を設置した者は，協会とその放送の受信についての契約をしなければならない」（第32条）と定められている。これが受信契約であり，契約をすれば受信料を払うことになる。

ところが，NHKの番組を見ても見なくても，テレビ受像機を買えば，受信契約を結ばなくてはならないという事情や，受信料不払いに対する罰則がないこと，さらにはNHKの放送内容や報道姿勢への批判などから受信料不払い世帯がかなり存在する。

とくに2004年はNHK内で不祥事が頻発した。7月に芸能番組担当プロデューサーが制作費4800万円を着服し，飲み食いに使っていることが発覚，ついで編成局幹部のカラ出張や岡山放送局幹部の飲食費ごまかしなどが明らかになり，9月には海老沢勝二会長（当時）が，総額970万円の業務上横領で職員4人を懲戒免職にしたことを明らかにしている。しかも，その中の1人は集金した受信料200万円の着服だった。度重なる不祥事で受信料支払い拒否や保留が増え，同年9月末には3万1000件だったのが，11月末には11万3000件に増えたと言われている。海老沢会長は翌2005年1月に責任をとって辞任した。

2008年には記者らが株のインサイダー取引をしたことも明るみに出て，その度にNHKの体質が批判されている。一方で，法改正で受信料を義務化しようとする動きもあり，NHKと受信料の関係はさまざまに揺れている。

12
メディアとしての放送とその変容

　テレビというメディアの制度的側面について考えておこう。日本では1950年に成立した放送法と電波法によって，放送というメディアの基本枠組みが決まった。公共放送＝公共事業体による放送（NHK）と，商業放送＝民間事業体による放送（いわゆる民放）の二元体制である。

NHKと民放の二元体制

　西欧では公共放送単独体制から商業放送の参入，アメリカでは商業放送発達から公共放送システムの導入といったように経緯はさまざまだが，公共，商業の放送二元体制はほぼ世界共通になっている。
　公共放送には受信料方式，受信料と広告収入の併用方式，国や州の交付金方式などがあり，商業放送には広告方式，有料方式などがある。NHKは受信料方式，民間地上波やBS放送はほとんど広告方式である。CS放送では有料方式が大幅に採用されている。
　公共放送と商業放送並存の背景としては，公共放送には視聴率にとらわれない高度な，あるいは少人数視聴者も対象とする内容を，商業放送には創意工夫を生かした多彩でおもしろい内容を期待するという放送行政関係者や視聴者の意思が反映している。
　NHKは一部ローカル番組も放送しているが，基本的には全国放送である。これに対して民放は県域放送としてスタートした。しかし，NHKに対抗するためもあって，ほどなくして東京をキー局として各地放送局を結ぶネットワークが誕生している。
　公共放送対商業放送の図式は，実態としては，NHK対民放ネットワークとして成立していると言えるだろう。テレビ・ネットワークでは，キー局が製作した看板番組の配信や共同番組の製作，ニュース取材の協力などを通じて，加盟各局の発展や経営安定に取り

組んでいる。

「制度的メディア」

放送はメディアを規制する特別法（電波法と放送法）を持っているところが，新聞や出版とは大きく違う。このため「制度的メディア」と呼ばれることもある。それは放送が資源に限りのある電波を使用することと，社会的影響力が大きいことに起因している。

■放送免許と「マスメディア集中排除の原則」■
放送法で「『放送』とは，公衆によって直接受信されることを目的とする無線通信の送信をいう」（第2条）と規定されているように，放送は通信の一部にあたる。放送局を開設するためには，電波法によって総務大臣の免許を得なくてはいけない。これが放送免許だ。放送の社会的影響力の大きさから，免許取得には，日本国籍を有していることなど，厳しい条件が課せられている。免許制度は，電波の使用周波数帯を国際的に管理せざるを得ない事情にもよる。

免許を得た放送局は，定められた遵守事項を守らないと，無線局運用の停止などの行政処分を受ける。制度上，放送局は行政監督の下に置かれているわけで，ここが新聞や出版などのメディアと違うところである。放送における電波の免許制は憲法が保障する「表現の自由」に抵触するのではないかという意見に対して，戦前から戦後にかけて放送行政に携わり，後にNHK入りした荘宏は『放送制度論のために』という解説書で「自由に入手できる紙と輪転機，あるいはフィルム，撮影機，舞台等によって無制限に発行，出版，上映，上演のできるそれらのものと，有限で且つ合理的な秩序の下でなければ全国民の利益に合致した利用のできない電波を使う放送とは，公共の福祉を確保するためにどうしても異なった取扱をせざるを得ない」[41]と述べている。関係者や国民にも，そのように受け止

---
41) 荘宏『放送制度論のために』（日本放送出版協会，1963, p.36）

められてきたと考えていい。

　電波法第7条は，無線局免許の申請を受理した総務大臣は，その適合性を審査しなければならないとして「当該業務を維持するに足りる財政的基盤があること」などを上げ，さらに総務省令で「放送をすることができる機会をできるだけ多くの者に対して確保することにより，放送による表現の自由ができるだけ多くの者によって享有されるための指針」を規定している。これが「マスメディア集中排除の原則」と呼ばれるものである。

　具体的には，「複数局支配の禁止」と「中波放送，テレビ放送，新聞の3事業支配の禁止」で，テレビ局が新聞の系列下に置かれるケースが多い日本の場合，新聞社が集中排除の原則に違反して系列局の過大な株式を所有していることが，時に問題になる。この厳しい適合性審査もまた，放送が「制度的メディア」であると言われる一因である。

■放送の「公共性」と番組編成準則■

　放送は，電波を使用することで，電波法によってかなりの制約を受けているが，一方で放送法によって，放送内容にもいくつかの制約を課せられている。

　放送法は第1条で「放送の不偏不党，真実及び自律を保障することによって，放送による表現の自由を確保すること」をうたい，第3条では「放送番組は，法律に定める権限に基く場合でなければ，何人からも干渉され，又は規律されることがない」と，放送番組編集の自由を認めている。ところで，第3条の2①では，「放送事業者は，国内放送の放送番組の編集に当たっては，次の各号の定めるところによらなければならない」として，以下の4つを上げている。

① 公安及び善良な風俗を害しないこと
② 政治的に公平であること
③ 報道は事実をまげないですること
④ 意見が対立している問題については，できるだけ多くの角度から論点を明らかにすること

　これが一般に「番組編成準則」と呼ばれるものである。さらに第

3条2の②には「放送事業者は，テレビジョン放送による国内放送の放送番組の編集に当たっては，特別な事業計画によるものを除くほか，教養番組又は教育番組並びに報道番組及び娯楽番組を設け，放送番組の相互の間の調和を保つようにしなければならない」という規定もある。

このように放送法は，放送内容に言及する条項を持っている。その理由としては，先にも述べたように，放送が有限の資源である電波を独占的に使用することと同時に，その社会的影響力の大きいことが上げられているわけである。

この番組編成準則は，一方では，権力が放送内容に介入する口実となり，他方では，放送局の公共性を保つための，あるいは一般視聴者がそれを要求するための盾となってきた。

テレビ朝日報道局長事件●　　1993年7月の衆議院議員選挙は，自民党が解散前の議席数を維持したものの過半数を割り，非自民で構成する細川政権が誕生するきっかけとなったエポックメイキングな選挙だった。

その直後の9月，民間放送連盟の研究会で，テレビ朝日の報道局長が「政治改革を断行したのは，われわれマスメディア，とくにテレビだった」，「反自民の連立政権が誕生する手助けになるような報道をするよう局内をまとめた」といった趣旨の発言をし，これが産経新聞のスクープとして報道されたことで，自民党や監督官庁の郵政省（当時）が放送法に違反するとして態度を硬化させ，報道局長を国会で証人喚問した。

争点は，一定の見解をもって報道することがすぐ放送法上の「公平」に抵触するのか，放送法で言う公平と憲法の「表現の自由」とはどう関係するのか，「公平であること」は各番組ごとに要請されるのか，一連の番組を通して判断されるのか，そもそも報道局において幹部の指示はそのまま現場に影響するのか，といったことだったが，当の報道局長は自分の発言が軽率だったことを陳謝すると同時に，報道現場への具体的指示については否定するというあいまいな態度に終始した。このため問題は必ずしも顕在化しなかったが，

郵政省は1998年のテレビ朝日の免許更新にあたって，政治的公平性に細心の注意を払うとの条件を付した。

変わる放送のあり方

　もともとテレビは地上波テレビで，茶の間を囲みながらみんなで同じ番組を見るというのが，つい最近までの一般的な視聴態度だった。ところが1996年にCSデジタル放送が始まり，2000年にはBSデジタル放送も始まった。まもなく地上波テレビもデジタル化する。多チャンネル化を契機に，放送のあり方も大きく変わりつつある。

■ハード・ソフトの分離■

　スカイパーフェクTVの番組は290，契約は370万件に上る（2008年秋現在）。BSやCS放送の登場こそが，放送のあり方に変化をもたらす最初の衝撃だった。

　これまでの放送は，電波送信設備をもった放送局が自ら番組を作って配信する，まさに「放送事業者」だった。それは新聞，出版と同じ文化事業であり，資本構成から言っても，他の産業とは違うメディア事業で，そこで働く従業員にも，自分たちが文化やジャーナリズムの担い手であるとの自負があった。

　ところがBSデジタル放送やCSデジタル放送の株主には，新聞社や放送会社ばかりでなく，電機メーカー，商事会社，広告会社，エンターテイメント企業などが連なり，メディア産業の垣根は完全

ビーエス日本（BS日テレ）	日本テレビ，読売新聞，東芝，松下電器産業，三菱商事，徳間書店
ビーエス・アイ（BS-I）	東京放送，毎日放送，日本電気，松下電器産業，電通，三井物産
ビー・エス・フジ（BSフジ）	フジテレビジョン，関西テレビ放送，産業経済新聞社，電通，東宝，東海テレビ放送
ビーエス朝日（BS朝日）	テレビ朝日，丸紅，朝日新聞，朝日放送，トーメン，住友商事
ビー・エス・ジャパン（BSジャパン）	日経新聞，テレビ東京，日経テレビ東京グループ，三井物産，東芝

に取り払われた。これがまず大きな変化だった。

2000年に始まったBS放送5社の開局当時の主要株主企業を列記してみよう[42]。

地上波キー局とその系列新聞社を核に，総合商社，家電メーカー，エンターテイメント企業，広告会社などが参加しており，2社に顔を出している企業もある。メディア企業が変貌する端緒がここに現れていると言えるだろう。

CS放送開始を前にした1989年の放送法改正により，「放送」の概念も変化した。これまで放送局は，NHKも民間放送も，無線設備を所持，管理し，放送番組を自主制作し，それを電波を使って家庭に届けるというように，「メディア（無線局などの伝達手段）」と「メッセージ（番組などのコンテンツ）」が一体化していたが，CSデジタル放送では，メディア管理者を「受託放送事業者」，メッセージ制作会社を「委託放送事業者」として，メディアとメッセージを分離した。これが一般に「ハード・ソフトの分離」と言われるものである。

■プラットホームの登場■

受託放送事業者は，放送を行う通信衛星の所有者で，電波法による放送局の免許を受けなくてはいけない。委託放送事業者は，番組を制作し供給する事業者で，放送法により総務大臣の「認定」を受ける必要がある。

しかも，受託放送事業者と委託放送事業者の間に，受託放送事業者から放送用チャンネルを一括して借り受け，委託放送事業者の番組を編成して配信する「衛星放送事業者」（プラットホーム）が置かれることになった。先に述べた「スカイパーフェクト・コミュニケーションズ」が現在唯一のプラットホームである（2008年10月に衛星運営会社である受託放送事業者のJSATと宇宙通信の2社と合併して「スカパーJSAT」となった）。

---

42) 矢野直明著『サイバーリテラシー―IT社会と「個」の挑戦』（日本評論社，2001年，p.148）

CS放送においては，放送設備である通信衛星を打ち上げるのに，地上の電波塔とは違って，巨大な資本がかかるし，リスクも伴うという事情や，多チャンネルを生かした多彩な番組作りを促進したいという意向が反映しての法整備だった。いずれにしろ，放送の「メディア」と「メッセージ」の一体化は解体される趨勢にある（プラットホームについては，放送法上の規定があいまいだという指摘を受けて，2007年の法改正で「有料放送管理事業者」と規定された）。

　またケーブルテレビの発達などで，放送は「電波」で送られるという伝達手段にも変化が起こっている。先に紹介した放送法における「『放送』とは，公衆によって直接受信されることを目的とする無線通信の送信をいう」という定義からすると，現在の放送はずいぶん変わったと言えるだろう。一部放送においては，「公衆」は不特定多数から特定少数となり，「直接受信」は「間接受信」へ，「無線通信」は「有線通信」へと変化している。

　そして，その先にはインターネットを利用したブロードバンド通信が，それこそ燎原の火の如く広がっている。

「総メディア社会」の出現

　メディア激変の中で，メディアのあり方もまた試練を迎えている。たとえば，CSでポルノチャンネルを放送している業者は，子どもが勝手に番組を見られないように，あらかじめ視聴者が登録した暗証番号を入力しないと映像が見えない「ペアレンタル・ロック」を導入することを条件に委託放送事業者の認定を受けている。このポルノチャンネルもまた「放送」であるために，これまでは放送事業者の自主的判断にゆだねられていた番組制作が，実質的な規制を受けることになるのではないかと危惧する声も強い。

　放送と通信の融合が進む中で，BS放送，CS放送，さらにはブロードバンド通信へとシームレスにつながる番組提供のどこまでを「放送」，どこからを「通信」とするのか，その線引きはほとんど不可能で，従来の「放送」概念を原点に返って考え直すことを迫られ

ているのである。

第III部

通信とインターネットの登場

私的な情報伝達手段だった通信がメディアと意識されることは，これまでほとんどなかった。ここには，メディアといえばマスメディアだった事情も影響している。ところがパーソナルメディアの勃興が，通信をメディアの主流に押し上げた。メディアとしての通信と「通信の秘密」の意味を考える。

13
通信と「通信の秘密」の意味

　通信（communication, telecommunicaton。tele は遠隔を表す接頭辞）とは，一般に，郵便，電信，電話などによって意思や情報を伝達することである。はがき，手紙，電話，インターネット，ケータイはまさに通信手段である。

メディアとしての電話

　1876年3月10日，アレクサンダー・グラハム・ベルはボストン研究所で作業中，あやまってズボンに酸をぶちまけた。試作品の音声装置で「ワトソン君，こちらに来てくれたまえ」と助手に助けを求めたのが，電話によって音声が伝えられた最初だと言われている。
　電話と言えば，私たちは電話機のことを思い浮かべるが，インフラとしての電話は，むしろ電話機と電話機を結ぶ回線や回線切り替えを行う交換機にある。電話システムの根幹は全国に張り巡らされた有線回線網であり，回線切り替えを行うための電話局である。
　電話は送話機で音声を電気信号に変えて電話回線を通じて相手の受話機に送り，受話機で電気信号を音声に戻して通話できる仕組みで，この送受話機がいわゆる電話機である。初期には受話機と送話機は別になっていたが，その後一体化された。古い映画で，細長い筒型の受話器を耳に当てながら，四角いボックス型送話機に向かって話しているシーンをご覧になった方もあるだろう。
　NTT DIGITAL MUSEUM[1]の「電信・電話の歴史年表」によれば，日本の電話は1890年に東京─横浜間で開通し，電話網の整備が始まるが，巨大な投資が必要なこともあって思うようには進まなかった。戦前の1939年には加入者100万件を突破した。戦後の1952

---
1) http://park.org/Japan/NTT/DM/html_mn/MN_idx_j.html

年に日本電信電話公社（電電公社）が発足（テレビ放送が始まる1年前)，「すぐつく電話」，「すぐつながる電話」（全国自動即時化）を二大目標に，全国津々浦々に電話線を引く工事が進められたが，申し込んでもすぐにはつかない事態が長らく続いた。1975年に電話加入は3000万を達成，1978年になってようやく申し込めばすぐつくようになった。

要件を伝える道具からおしゃべり道具へ

　電話は官庁，大企業，商店といった公的な領域において，必要な要件を伝えるための事務的な道具として普及していく。自宅に電話の引けない家庭は，近くの商店や裕福な家庭に「呼び出し電話」を頼んで，急用の場合はわざわざ自宅まで呼びにきてもらうことも多かった。そのころは電話料金も高かったので，要件を手短に話すのが電話のマナーでもあった。だから，電話機は玄関に設置されることも多かった。家庭用加入電話とともに，公衆電話も次第に整備されていく。
　一般の家庭にも電話が普及しはじめるのは1970年代以降だが，そのころの電話機は電電公社から貸与されるダイヤル式の黒い標準電話機で「黒電話」と呼ばれていた。この黒電話は，電話が要件を手短に話す，仕事のための電話の象徴でもあった。
　1985年に電電公社が解体され，日本電信電話会社（NTT）が発足する。同年4月に施行された「電気通信事業法」，「日本電信電話株式会社法」などにもとづくもので，NTT誕生と同時に，競合会社としての新電電も設立され，電話の世界も大きく変わる。
　NTTは電信電話会社の枠を離れて，データ通信などの分野に進出したし，電話の端末市場も開放された。転送や伝言，録音機能などを内蔵した多機能電話も商品化され，しゃれたデザインの多様な電話機が電気店店頭に並び，ファクスやパソコンも回線接続できるようになった。
　1990年代には，親子電話・コードレス電話などにより，個室から

の通話も可能になる。電話が1家に1台の時代は終わり、電話は完全に私的領域に進出、単なるおしゃべりの道具にもなった。この延長線上にケータイ（携帯電話）が登場し、電話をめぐる状況はまた大きく変わる。

サイバー空間の萌芽

電話普及期の話として、『メディアとしての電話』[2]という本に、こういうエピソードが紹介されている。

フランスの画家、エドガー・ドガがパトロンの家に食事に招かれたとき、パトロンは文明の利器、電話をみせびらかそうと、ドガがいるときに知人に電話するように頼んでおいた。そしてベルがなると、パトロンは席を立って、おもむろに電話に出る。はじめて電話というものに接したドガは、

「ベルが鳴り、あなたは行ってしまう。それがつまり電話なのですね」

と言ったという。

なかなか鋭い感想である。ドガとパトロンが食事をしていた現実を切り裂くようにベルがなり、パトロンは電話で結ばれたもう一つの空間に移動してしまった。いまここにいて、ここにいない。瞬間において「いま」が否定され、肉体と精神の棲み家に大きな亀裂が生じた。

私は現代社会を、私たちが住むこの「現実世界」とインターネット上に成立したデジタル情報環境「サイバー空間」の相互交流する社会であると捉えているが、距離と時間の制約を打ち破った点で、電話の登場こそ「サイバー空間」を出現させる萌芽だと言える。

電話のおかげで人は、はるか離れた相手と自由に、リアルタイムで話せるようになった。電話料金は距離に比例して高かったので、距離の感覚は完全に消失したわけではないが、電話料金が安くなる

2） 吉見俊哉・若林幹夫・水越伸『メディアとしての電話』(p. 23)

につれてその感覚も薄れていく。

　昔の電話は回線状況が悪くて，遠距離電話は雑音などが入ってどこか距離感が感じられた。電話料金が安くなり，回線状況も良くなると，そういうことはなくなる。ケータイだと，もはや東京（03）とか札幌（011）のエリアコードもなく，遠方だろうと近所であろうと，海外であろうと，同じように電話に出ている。

　家庭の一家団欒が姿を消したのは，茶の間のテレビのせいだと言われるが，家庭という一つの共同体の存在感を希薄にしたのは，むしろ電話だったと言っていい。ひと昔前まで，電話は家族共同で使われており，誰から電話がかかってきたかは家族の者にはすぐわかった。子どもたちが個室に電話を持つようになり，さらには各自がケータイを持つようになって，家庭内のコミュニケーション地図は様変わりした。

　極端に言えば，いま家庭にいようと，海外にいようと，あるいはオフィスの隣りの机にいようが，他の支店にいようが，区別がなくなった。これほどまでに，電話というメディアが与えた影響は大きい。

コモンキャリアと「通信の秘密」

　コモンキャリアというのは，もともと運輸・通信業界で事業者一般をさす業界用語だったが，情報社会の進展で通信が脚光を浴びるにつれて，今では『広辞苑』に「通信事業者。特に，自前の通信設備を有する公衆通信事業者のこと」と記載されるほど一般的な用語になった（2008年発行の第6版。10年前の1998年発行の第5版にはこの語は収録されていない。）[3]。コモンキャリアの代表がNTTである。

　NTT誕生のきっかけとなった電気通信事業法第3条は「電気通

　　3）「サイバー」や「サイバースペース」という言葉も6版から収録された。この版は，「ニート」，「顔文字」，「メタボリック症候群」，「いけ面」，「ラブラブ」，「ブログ」，「めっちゃ」などの新語を取り入れたとして話題になったが，地味（？）な改訂も行われていたのである。

信事業者の取扱中に係る通信は，検閲してはならない」と定め，さらに第4条は「①電気通信事業者の取扱中に係る通信の秘密は，侵してはならない。②電気通信事業に従事する者は，在職中電気通信事業者の取扱中に係る通信に関して知り得た他人の秘密を守らなければならない。その職を退いた後においても，同様とする」と定めている。

　罰則が第179条にあり，「電気通信事業者の取扱中に係る通信の秘密を侵したものは，2年以下の懲役又は100万円以下の罰金に処する　(2)電気通信事業に従事する者が前項の行為をしたときには，3年以下の懲役又は200万円以下の罰金に処する」などとなっている。

　同様の規定としては，憲法第21条に「集会，結社及び言論，出版その他一切の表現の自由は，これを保障する」とある直後に，「検閲は，これをしてはならない。通信の秘密は，これを侵してはならない」と規定されている。

　これが「通信の秘密」と言われるものである。「通信の秘密」とは具体的にどのようなことを意味するのだろうか。これについて，『インターネット術語集』で紹介したエピソードを引用しておこう。

　　林紘一郎慶応大学教授から聞いたのだが，彼がNTTの前身である日本電信電話公社に入社した1960年代半ばは，電報がまだ重要なコミュニケーション手段で，電電公社の重要な業務の一つだった。
　　「頼信紙」という言葉を懐かしく思い出す人もいるだろうが，電話局に置いてあるその頼信紙にカタカナで電文を書いて，窓口の係りに差し出す。そうして電報を打ってもらうのだが，そこに「オカアサン，ナガイアイダアリガトウゴザイマシタ。オサキニイキマス」と書いてあった時，係員はどう対応すべきか。「早まったことはしないように」と諭すべきなのか。中味に関知せず事務的に対応すべきなのか。
　　当時のマニュアルでは，正解は後者。「コンテンツには，いっさい関与しない。それがコモンキャリアのあるべき姿だ」という

ことだったという。

　平たく言えば，コモンキャリアの役目は通信サービスをすみやかに履行するだけで，通信内容にはタッチしてはいけない，ということである。

「通信の秘密」の意味

　憲法の規定は，直接的には国の機関，その他の公の機関が通信の内容を調べることを禁止したもので，これについて芦部信喜『憲法』[4]では，「憲法21条2項後段が通信の秘密を保障しているのは，通信（はがき・手紙，電信・電話等すべての方法による通信）が他者に対する意思の伝達という一種の表現行為であることに基くが，さらに公権力による通信内容の探索の可能性を断ち切ることが政治的表現の自由の確保に連なるという考え方も，そこにひそんでいると解される」と述べている。

　私企業であるコモンキャリアは，直接的には個別法である電気通信事業法によって規制を受ける。電気通信事業法の対象でない有線，無線を使った通信事業者も，有線電気通信法，電波法などで通信内容の秘密を保護すべきことが定められている。

　関連して言えば，刑法第133条は「正当な理由がないのに，封をしてある信書を開けた者は，1年以下の懲役又は20万円以下の罰金に処する」と信書開封に刑罰を科し，郵便法第8条は「①会社の取扱中に係る信書の秘密は，これを侵してはならない。②郵便の業務に従事する者は，在職中郵便物に関して知り得た他人の秘密を守らなくてはならない。その職を退いた後においても，同様とする」と規定している（罰則もある）。「信書」というのは，「特定の人が特定の人に意思などを通ずる文書」（『広辞苑』）のことである。

　「通信の秘密」という考え方は，きわめて日本的なものだと言わ

　4）　芦部信喜『憲法』(p.199)

れている。たとえば「表現の自由」をきわめて重視しているアメリカ合衆国憲法には「通信の秘密保持」の規定はなく，通信傍受そのものがかなり幅広く行われている。

　また「通信の秘密」として保護される対象は，通信の内容ばかりでなく，通信の当事者（発信人，受信人）の住所，氏名，発信および受信地，通信日時，通信回数などすべてが含まれると解されている[5]。電話においても，誰が何をしゃべったかという通信内容はもとより，だれからだれへいつ電話があったかという通信履歴に類するものまで「通信の秘密」に含まれるわけだ。履歴などから通信内容を推測することも可能だからである。

　発信電話番号表示サービス●　NTT は1997年から「発信電話番号表示サービス」を始めた。キャッチフレーズは迷惑電話対策で，無言電話，間違い電話，セールス電話，脅しなどの迷惑電話を受けたときに，一度電話を切ったあと，144に続けて2をダイヤルすると，以降は同じ電話番号からの電話に対しては出られない旨の応答をしてくれた。またこのサービスを契約すると，発信者の電話番号が表示されるが，①相手先番号の前に184（イヤヨ）を付してダイヤルすると通知されない，②特定回線について非表示とするサービスを受けられる，の二通りで，番号を相手に通知しないことができるものだった（もっとも，ケータイでは，サービスの導入当初から基本機能として番号表示サービスが組み込まれており，これらの通知，非通知は利用者が選択できるようになっているのはご承知の通り）。

　これは同時に電話を使った新しいビジネスに道を開くものだった。

　5）　大阪高裁1967年12月25日判決。日本電信電話公社時代の電話交換手が通信内容を外部に漏らしたとして解雇されたのは不当と訴えた事例（京都府下の電報電話局前路上で痴漢にあったという110番通報を，同局の交換手が聞いたのを傍受，その後，詳細をその交換手から聞いた原告交換手が，内容を近くの美容室でほのめかしたところ，たまたまその美容室に痴漢被害者が訪れたことで問題が明るみに出る，という偶然の重なった事件だった）で，裁判所は懲戒解雇を正当と判断した。判決は「ここに『通信の秘密』とは単に通話内容だけでなく誰と誰が通話したかという事実をもさし，またこれを『侵す』ということは通信の秘密を他人に漏らすことだけでなく，必要もないのに他人の通話を聞くことも含まれるものと解すべきである」と述べている（『判例時報』514号）。

今ではすっかり当たり前になったが，たとえばタクシー会社に電話すると，「○○さんですね。いま駅から迎えに行きます」などと応答してくれるのは，こちらの電話番号ばかりでなく，住所，利用頻度などが先方のデータベースに登録されているからである。

導入当初は，これは「通信の秘密」に抵触するのではないかと議論にもなったが，今では電話機のディスプレイに相手の電話番号が表示され，ケータイでは相手によって着信メロディを変えたり，応答を拒否したりと，発信者電話番号表示はむしろ当たり前になっている。

技術とわたしたちの感性

このように「通信の秘密」の内実も時代によって変わってきている。私たちの感性そのものが技術によって変わってきたと言える。

電話において，かけた本人は相手が誰なのかわかっているのに，かけられた人には相手が名乗らない限り誰だかわからないというのは不平等でもある。体面でも手紙でも，コミュニケーションの場合，第一当事者（送り手）がまず名乗るのが普通なのに，電話では送り手の匿名性が前提されていたのは，交換機がアナログだったことの技術的制約によるものだったと言われている。受信者にとって，発信電話番号が秘密であるという不均衡な仕組みが，結果的に発信者電話番号を「通信の秘密」の範囲内に含まれるとする見解となったという見方もある。

電話交換が自動化される前は，私たちは交換手を通じて対話しており，交換手は発信者の電話番号を知り得たし，受信者に対して発信者が誰であるかを通知もしていた。発信電話番号表示サービスがはじまった直後に出版された『発信電話番号表示とプライバシー』[6]という本は，交換機のデジタル化が発信電話番号表示サービスを可能にし，「従来の電話社会における発信者優位の思想を，

6） 堀部政男編著『発信電話番号表示とプライバシー』（NTT出版，1998年）

着信者が選択権を持つことにより，発信者・着信者の対等平等の思想に転換する契機」となったと，少し大袈裟に書いている。

　私たちが当然だと思っていることが，ただ技術の制約のためにそうなった，というケースは他にもある。たとえばたいていのパソコンのキーボード配列は３段目左のアルファベットがQWERTYの順で並んでおり，QWERTYキーとも呼ばれるが，これはタイプライター時代に打鍵の際にキーの軸が絡まないために都合のいい配列として考えられたものである。だからパソコンでは意味のない配列だが，習慣としていまだに使われている。

　また『発信電話番号表示とプライバシー』では，「現状では，利用者の間に発信者の電話番号の匿名性について一応のコンセンサスがあると考えられる」としつつ，発信者の電話番号が通信の秘密に含まれるとしても，同サービスでは発信者が電話番号を相手に知られないための簡便な方法を用意しており，発信者がそれを利用しない場合は，電話番号を相手に秘密にする意思がないものと認められ，したがって通信の秘密の侵害にはあたらない，と結論づけている。

　振り込め詐欺捜査と通話履歴●　　ケータイの通話先や通話日時などの履歴は，契約者への課金や料金請求のために必要だとして，現在はケータイ各社とも３か月これを保存して，その後は消えるようにしているようだ。これも「通信の秘密」への配慮である。

　ところが振り込め詐欺の被害が増えるにつれて（振り込め詐欺が社会問題化した2004年１月から08年８月までの間に，1256億円の詐欺があったと言う），この捜査のために警察庁は通信履歴の保存を６か月に延長したい意向だが，総務省は「通信の秘密」を守る観点からこれに反対しているとの新聞報道[7]があった。

7）朝日新聞，2008年10月26日付朝刊

14
インターネットと
通信の変容

　インターネットはもともとコンピュータとコンピュータをつなぐネットワークとして始まった。この接続のために専用線とともに電話回線も使われたが（当初は電話回線にコンピュータをつなぐことは禁じられていた），コンピュータ・ネットワークは，従来の電話回線とは違う技術を使って接続されていく。インターネットの歴史については『サイバーリテラシー概論』を参照してもらうとして，ここでは「メディア」との関連でインターネットが通信をどのように変えたかに焦点を絞る。コンピュータはデジタル情報機器だから，それを使ったデジタルメディアの登場が総メディア社会を出現させたわけである。

通信の変容とプロバイダー

　通信は1対1，放送は1対多の情報伝達だと言うと，ちょっと一般化しすぎだが（無線通信も当初から1対多で使われていた），電話とテレビを比較すれば，そう言っても間違いではないだろう。また通信内容は秘密が原則で，逆に放送では公開されている。法的には，通信では「通信の秘密」，放送では「表現の自由」がかかわってくる。
　ところがインターネットをはじめとするデジタルメディアは，ケースによって，通信として利用されたり，放送によく似た機能を持ったりする。たとえばメールは1対1が原則で，内容も当事者以外に公開されることはなく，ここでは「通信の秘密」が適用されるが，ウエブやウエブ上の掲示板などの内容は，すでに1対多を対象に公開されている。これは通信というより放送に近く，ここでは「通信の秘密」より，むしろ内容に関する「表現の自由」，あるいはその制約が問われる。放送においても，不特定多数よりは限定少数

に配信する有料番組もあるし,デジタル放送では双方向通信を生かしたサービスも行っている。

通信と放送が融合しはじめたわけである。

「公然性を有する通信」

こういう状況を受けて,いくつかの問題が提起された。一つは「公然性を有する通信」あるいは「公然性のある通信」という考え方,もう一つはプロバイダーの役割をめぐる議論である。

「公然性を有する通信」というのは,ウエブやその上の掲示板は通信と言っても,公開を原則としているから,「公然性がある」という主張である。堀部政男・一橋大学名誉教授が座長となってまとめた郵政省の「電子情報とネットワーク利用に関する調査研究会」報告書(1994年)で用いたのが最初で,その後,一般にも用いられるようになった。

この考え方については,当時,概念規定があいまいなため,どこからが「公然性のある通信」なのかはっきりせず,結果的に,通信による情報流通を規制する方向で働きかねないとの批判も出された。

たとえば牧野二郎弁護士は,ホームページで「『公然たる通信』概念とその効用に対する批判」という文書を公表し[8],以下のように述べている。「インターネット上の有害情報を規制するという目的で,あるいは規制手段を民間事業者に採用させるという意図を持つものであり」,「公然性の概念が,通信の公開性を意味して,通信を内容によって規制していいというような,通信規制の役割を果たす危険が明らかになっているといえます」。

後に述べる「通信・放送の総合的な法体系に関する研究会報告書」でも,「公然性を有する通信」の考え方が踏襲されている。

---

8) 牧野二郎「『公然たる通信』概念とその効用に対する批判」(1997年11月7日) http://www.asahi-net.or.jp/~VR5J-MKN/tuusingainen.htm

プロバイダーのジレンマ

　インターネットで重要な役割を果たすのがプロバイダーである。プロバイダーはインターネットに接続する回線を提供するだけでなく，その多くが電子メールの送受信，電子掲示板や同時対話（チャット）などのサービス提供，ウエブのためのサーバー・レンタルなど，利用者の情報提供を支援するさまざまなサービスを行っている。プロバイダーは電気通信事業者として「通信の秘密」を守る立場にあるが，提供しているウエブの書き込みなどに関しては「表現の自由」を守る必要がある。

　インターネットを流れる情報の関所の位置を占めるプロバイダーの役割をどう考えるかは，なかなか微妙な問題である。

　例えば伝統的な出版では，編集者やパブリッシャー（発行人）は，情報内容のすべてに目を通して，情報に対する全責任を負う。書店などの経営者やディストリビューター（供給者）は，棚に並べた書物の中身について，違法な内容をたまたま知ったような場合以外は責任を問われない。そして電話会社などのコモンキャリアは，情報内容に関与することを禁じられ，業務上たまたま知った場合にもそれを秘密にすべきだとされ，それゆえ情報内容に対する責任は一切負わずにすむ。

　インターネットにおいて，情報管理者としてのプロバイダーと情報提供者としての利用者は別個の存在であることが多い。プロバイダーは原則として情報内容に関与しないといっていいが，実際の態様は，プロバイダーが提供するサービスやプロバイダーの営業方針によってさまざまである。電子メールや提供したホームページの内容にプロバイダーが関与することはないが，自社の電子掲示板を自ら運営している場合は，その内容にまったく責任がないともいえない。ウエブや掲示板の匿名記事で名誉を毀損された人が記事の削除を要求するような場合，プロバイダーが矢面に立たされるのはある意味でやむを得ないことでもある。

ニフティ訴訟● 　インターネット普及初期においては，ウエブの書き込みにプロバイダーの責任が及ぶかどうかをめぐる訴訟が頻繁に提起されたが，プロバイダーはパブリッシャーなのか，ディストリビューターなのか，コモンキャリアなのかという原則論と，個々のケースにおいてプロバイダーがどのような対応をしてきたかで，裁判所の判断も分かれてきた。

　たとえば日本では，まだパソコン通信の時代に有名なニフティ訴訟（ニフティ第1事件）があった。ニフティの「現代思想フォーラム」の会員が，他の会員の書き込みによって名誉を毀損されたとして加害者に損害賠償を求めたが，その際，フォーラムの主宰者（シスオペ）が書き込みの削除要求に十分応えなかったとして，そのシスオペとパソコン通信の運営主体であるニフティもあわせて訴えた。

　東京地裁判決（1997年）は，加害者のみならず，シスオペにも不法行為責任を認め，これを前提としてパソコン通信の主催者にも使用者責任があると判断したが，二審の東京高裁判決（2001年）は，シスオペの削除義務そのものを認めつつも，当該ケースにおいて，シスオペが書き込みを削除するまでの行動は，権限の行使が許容限度を越えて遅滞したとまで認めることはできないとして削除義務違反を認めず，したがってパソコン通信の主催者，ニフティについても責任を問わなかった（書き込み当事者の名誉毀損は認定）。

　パソコン通信であるために，書き込みをした当人とプロバイダーの間にシスオペが介在しているが，おおざっぱに言えば，一審はプロバイダーの責任を認め，二審は認めなかったことになる。

プロバイダー責任制限法と発信者情報開示請求権

　プロバイダーは「通信の秘密」を守る立場と，ユーザー（および自ら）の「表現の自由」を守る立場の間で揺れ動いてきたと言える。だから現実には，名誉毀損などの書き込みをされた被害者が，内容の削除や発信者名の開示を求めても，プロバイダーが「通信の秘

密」を理由に発信者情報の開示を拒否することもあったし，逆に，プロバイダーが求めに応じて書き込みを削除すると，発信者から「表現の自由」の侵害だと訴えられることもあった。そういう状況の中で，匿名や仮名を隠れ蓑に，他人の権利を侵害する行為が野放し状態にもなってきた。

　こういうプロバイダーの微妙な立場を考慮して，2002年に「プロバイダー責任制限法」（「特定電気通信役務提供者の損害賠償責任の制限及び発信者情報の開示に関する法律」）が施行された。

　ウエブの掲示板などで誹謗中傷や名誉毀損を受けたり，著作権を侵害されたり，個人情報を掲載されたりした人が書き込みの削除を要求した場合に，プロバイダーや掲示板運営者がこれに応じても免責される範囲を定めると同時に，被害者が情報発信者の氏名（団体の場合は名称），住所，電子メール，IPアドレスなどの情報開示を請求できる権利を認め，その手続きを定めたものだ。

　発信者情報開示請求権というものが認められるまでに，通信に対する考え方が変遷している。しかし，後に述べるように，通信と放送の融合が急速に進む現在，インターネットを他のメディアとの関係でどう位置づけるかは，より大きな社会的検討課題になっている。

15
電子メディアの諸相

インターネット上に花開いた電子メディア＝デジタルメディアについて，あらためて整理しておこう。

電子メディアの位置づけ

「電子メディア」というジャンルのくくり方は，これまでの「新聞」，「出版」，「放送」，「通信」という区分けとは次元を異にすることに注意してほしい。

　新聞は，大きな紙に活字や写真，図を印刷して，毎日，主として販売店から戸別配達で家庭に届けられる。出版は，書籍，雑誌が中心で，やはり紙に活字などを印刷したものだが，主として書店を通じて流通する。一方テレビは，電波を通じて映像を各家庭の受信機に直接届けるものである。このように各メディアは，メッセージやメディアの形態，伝達手段などにはっきりした特徴をもち，それぞれ独自に発展して今日にいたっている。それらの共通点は，もっぱらアナログ情報を扱ってきたことである。

　これに対して電子メディアは，デジタル情報を扱う。コンピュータやインターネットの登場をきっかけに成立した新しいメディアで，「新聞」，「出版」，「放送」というどちらかというと縦割り的なメディアの区分けに対して，情報のデジタル化という横軸でメディアを切り取った感じになる。

　情報のデジタル化は既存メディアをも大きく変えている。新聞も，出版も，放送も，急速にデジタル化，電子化しており，これらメディア相互の関係も，電子メディアとの区別もほとんどつかなくなる。活字も，音声も，図版も，動画も，すべてを同じ信号として扱うデジタル情報の特質が，必然的に，従来のメディアの垣根を取り払い，すべてのメディアが融合する。

現実に，新聞業界はインターネット普及の初期から記事のオンライン配信を行っているし，出版業界でも，コンピュータ業界とタイアップして電子書籍に本腰を入れている。放送はというと，すでにCS放送やBS放送はデジタル化しているし，2003年末からは地上波テレビのデジタル化もはじまった。

通信と放送の融合が進み，デジタル放送とインターネット通信は，法制度上の差異を別にすれば，実質的には同じものになり，近い将来に電子ペーパーが実用化すれば，新聞とテレビの区別もなくなるだろう。それに歩調をあわせるように，新聞業界とテレビ業界の系列化はいよいよ進む，という具合にメディア産業そのものも融合する。

インターネットの発達と，それと並行して進む情報のデジタル化は，これまでマスメディア中心だったメディア地図を大きく変えた。それこそが総メディア社会を出現させたわけである。そこでは，メディアを縦割りで見るのではなく，横割りで考える発想がどうしても必要になる。後にふれる情報通信法の発想も，この延長線上に出てくる[8]。

メール・ケータイ・ICタグ……

電子メディアの諸相をふりかえっておこう。第1章の「電子メディア大爆発」で上げたのが主な電子メディアである。

ブログとSNSについては，もはや説明の必要もないほどに，世

ブログ	ポッドキャスティング
SNS	検索エンジン
掲示板	ケータイ
ウィキペディア	ICタグ
動画配信（ユーチューブ）	ゲーム機

8） 第Ⅴ部「情報通信法の構想」参照

界中に普及している。ブログ，SNS，ウィキペディア，動画配信サイト，ICタグなどの電子メディアに関しては『サイバーリテラシー概論』で詳述したが，メディアに関連していくつか補足しておこう。これからは，ゲーム機やRFIDタグのような，従来のメディアの枠組みからは外れたような情報端末が，大きな意味を持つようになる。まさに，ユビキタス・メディアの時代である。ケータイについては，後に取り上げる。

〈検索サイト〉ウエブ・レイティング調査によると，アクセス数1位がヤフー，2位がグーグルである[9]。ともに検索サイトだ。検索サイトを使わない人はまずいないだろう。まさに検索サイトこそ最大の電子メディアと言える。検索サイトはもともとウエブの便利な"電話帳"だったが，キーワード検索ができるようになってウエブ上の情報を探し出すツールになった。グーグルの躍進についてはすでにみなさんご存知だろう。

〈電子メール〉世界中のだれにでもほぼ瞬時に送れ，相手は自分の都合のいいときにそれを見て返事を書ける電子メールは，車や列車，船や飛行機などで運ばれる郵便とも，双方が同時に電話口に居合わさなければならない電話とも違う新しい通信手段である。すでにありふれたものになったとはいえ，このメディア登場がいかに画期的だったかは，あらためて言うまでもない。サラリーマンなら，海外出張したときに時差の壁をぬって本社と電話連絡するのに悪戦苦闘したつい最近までの出来ごとを思い起こせば，電子メールのありがたさを痛感するはずである。

電子メールは，インターネット普及の原動力でもあった。インターネットはもともと，全国各地に散在するコンピュータをつなげて，データ（資源）を共有することをめざしたが，1960年代後半，その母体となったARPAネット開発に取り組んだ研究者たちは，ほどなくして電子メールの魅力のとりこになる。インターネットは，その初期の段階からすでに個人的なメッセージが氾濫する空間だっ

---

9) Alexa (http://www.alexa.com/)。数字は2008年12月9日現在。ちなみに動画配信サイトYouTubeが第3位になっている。

たと言える。

　日本で電子メールが普及しはじめるのは1998年にトム・ハンクスとメグ・ライアンが競演した映画『ユー・ガット・メール』が上映されたころからである。1999年にはNTTドコモのiモードが登場，ケータイとインターネットが結びついて，ケータイでも電子メールのやりとりができるようになった。

　〈メーリングリスト（ML）〉気のあった仲間同士のおしゃべりや，一定のテーマにそった議論などに利用されるなかば開き，なかば閉じたメール交換システム。メッセージを投稿すると，それが全会員に届けられるので，関連する意見，反論などがあれば，そのメッセージへの返信として投稿する。それがまた全会員に届けられる仕組みで，小さなものは数人，多いのになると数百人の参加者が集まって，熱心な議論をしている。

　メーリングリストも，インターネット開発の初期に，特定グループをつくって会員を登録，世話人が投稿されたメッセージを受け取っては全会員に転送するという手作業からはじまり，ほどなくして自動化された。メーリングリストは外部に公開されていないので，どのくらいあるか正確な数字はわからない。参加者以外には内容を知ることもできないが，侃々諤々の議論が展開されているものも少なくない。個人でも簡単にメーリングリストをつくれる機能が，インターネット上で無料提供されており，だれでもメーリングリストの主催者になれる。

　〈掲示板〉匿名掲示板「２ちゃんねる」の隆盛が，日本におけるウエブ文化の一端を象徴している。

　〈メール・マガジン（メルマガ）〉自分が書いた文章をメルマガ配信サイトを通じて読者に配布できる仕組みで，だれもが編集長になれる。日本独特のメディアで，配信サイトとしては「まぐまぐ」が最初である。2008年11月現在，３万ものメルマガが配信されている。

　〈ゲーム機・PDA・書籍専用端末〉任天堂が1983年に「ファミリー・コンピュータ（通称ファミコン）」を発売して以来，日本のゲーム機は世界に広まり，重要なメディアの一環として定着した。子どもたちはゲーム機でデジタル機器の扱い方を体得しながら成長

するし，日本のクリエイターが開発したゲームソフトの多くが世界に輸出され，文化的にも大きな影響を与えている。

任天堂が2006年暮れに売り出したウィー（Wii）は，本体をテレビと接続して，手に持ったコントローラを前後左右に振ったり，ねじったりすると，体の動きが無線を通じて画面に伝えられるようになっている。ゲーム機を手だけでなく全身で扱うようにしたのが新しい発想で，その後に発売したウィーフィットとともに，ゲーム機の概念そのものを変えたともいえる。体を使うコミュニケーションとして，サイバー空間の新しい可能性を開くものだと言えるだろう。

小型の情報端末としての PDA（Personal Digital Assistant）や，オンライン販売の本を読むための書籍専用端末，デジタル音楽をネットワークからダウンロードして楽しむ MP3（エムピースリー）端末，車に取り付けられたカーナビ（カーナビゲータ）なども身近な電子メディアである。

〈RFID（Radio Frequency Identification）タグ〉商品名，仕様，製造年月日，価格，販売店名，成分などを入力した IC タグを衣類，医薬品，装身具，書籍，小荷物などに組み込んで，それを無線で自動的に読み込み，商品の管理，決済をスムーズにしようというもの。IC タグのデータがさまざまな場面で読み取られると，私たちのプライバシーに対する重大な脅威ともなる。

パソコンからケータイへ

携帯電話として発展してきたこの情報端末を「ケータイ」とカタカナで表記する。東京大学大学院情報学環准教授の水越伸は『コミュナルなケータイ』という本で，自分がケータイという言葉を使うのは「情報技術ではなく，社会に編み込まれた具体的なメディアの社会的態様を取り扱おうとするのがこの本の趣旨だからだ」と述べているが[10]，社会という文脈の中でメディアを捉えようとする視点

---

10) 水越伸編著『コミュナルなケータイ』（岩波書店，2007年，p.64）

は本書と同じである。

　ケータイの日本での普及件数はすでに1億件を超え，ほとんどすべての人がケータイを持っていることになる。ケータイの加入台数が，明治以来，長い年月をかけて全国津々浦々に設置されてきた固定電話を上回ったのは，2000年11月である（最近では，駅や都心に設置された電話ボックスがしだいに撤去され，一時は贈り物としても重宝されたテレホンカードも，急速に姿を消しつつある）。ケータイは1999年，NTTドコモのiモードをきっかけにインターネットと接続され，異機種間でもメールのやりとりをしたり，ウエブにアクセスしたりできるようになった。さらにカメラやGPSといった機能を次々に搭載し，ケータイはユビキタス・コンピューティング時代の情報端末へと大きく飛躍している（第3世代ケータイでは，海外でも国内と同じように通話やメール交換ができる）。

　テレビも見られるし，サイフ代わりにも使えると，ケータイの機能が拡充するにつれて，インターネットにアクセスするのもケータイだけ，パソコンはほとんど使わないという若者が増えている。

　私は都内の私立大学で7年間，情報社会論の講義を続けているが，最初のころは「パソコンを持っている」学生が年ごとに増加する傾向を示していた。ADSLの普及など回線のブロードバンド化ともあいまって，若年層にもパソコンが着実に浸透してきている，と感じていたが，ここ数年，自分のパソコンを持っているという学生の数は減少してきた。「パソコンは大学にあるからとくに必要ない」と言うのだが，彼らにとってパソコンは，すでに「無用の長物」になりかかっているとも言える。

　総務省が2008年4月に発表した2007年末時点の「通信利用動向調査」によると，過去1年間にインターネットを利用したことのある人は8800万人で，人口普及率は約70パーセント。これを利用端末ごとに見ると，パソコンが7800万人（89パーセント），ケータイが7300万人（83パーセント）。さらに細かく見ると，パソコンのみを利用している人は1500万人（17パーセント），ケータイのみが1000万人（11パーセント）だ。さすがにまだパソコンの方が多いが，ケータイのみでアクセスしている人は前年より300万人増えているのに対して，

15　電子メディアの諸相 | 133

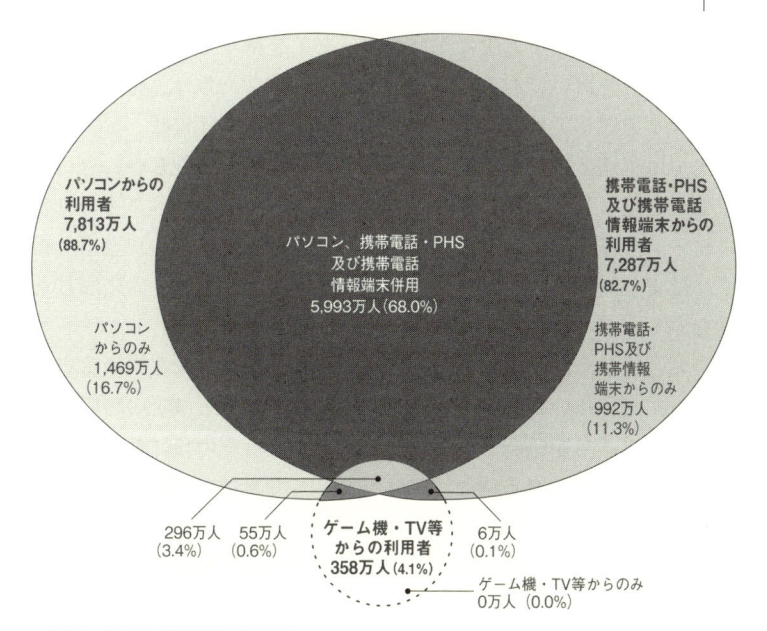

パソコンからの利用者
7,813万人
(88.7%)

携帯電話・PHS及び携帯電話情報端末からの利用者
7,287万人
(82.7%)

パソコン、携帯電話・PHS及び携帯電話情報端末併用
5,993万人(68.0%)

パソコンからのみ
1,469万人
(16.7%)

携帯電話・PHS及び携帯情報端末からのみ
992万人
(11.3%)

296万人
(3.4%)

55万人
(0.6%)

ゲーム機・TV等からの利用者
358万人 (4.1%)

6万人
(0.1%)

ゲーム機・TV等からのみ
0万人 (0.0%)

出典）総務省「通信利用動向調査」

図8　増えるケータイからのアクセス

パソコンのみの利用者は160万人減っている。

　ケータイは，あれよあれよという間に若年層ばかりでなく，女性，中高年層へと普及し，いまや中堅ビジネスマン層も含め，国民すべての人の必需品になっているばかりか，パソコンに変わる最先端情報機器の位置を占め始めている。同じ総務省調査によると，情報端末の世帯保有率は，ケータイ95パーセント，パソコン85パーセントである。

メディアとしてのケータイ

　ケータイというメディアは，パソコンとはまた違う影響を私たちに及ぼしつつある。
　第1の違いは，何と言っても，常に身につけていることである。

数年前，都内の女子大生に1日，ケータイを持たずに生活して，そのレポートを書いてもらったことがある。彼女たちは，持ってないケータイを探して何度もポケットに手をやった挙げ句に，ケータイがすでに生活に不可欠な道具であることを実感したらしい。
　朝の目覚ましからはじまり，電車やバスの時刻を調べ，その日のニュースを見，通学の電車の中ではメールをチェックし，返事を書く。ひまな時間ができれば，ウエブにアクセスしてゲームに興じたりもする。
　待ち合わせも，かつてのように時間と場所をきちんと決めるのではなく，だいたいの打ち合わせをしておいて，あとはその時間にお互いケータイで連絡をとりあう。アルバイトもその日に連絡が入ることが多く，ケータイがなければバイトもできない。約束をしても，メールでカンタンに断れるので，ドタキャン（直前にキャンセル）することも多いようだ。生活のリズムがすっかり変わってきたと言えるだろう。
　第2は，画面の大きさの違いである。パソコンのディスプレイには文字が詰まっているし，印刷した活字と違うとはいっても，じっくりとテキストを読むことはある。ディスプレイが読みやすいものに変わり，オンラインによる小説や記事の配信がさかんになれば，紙の書物を読むように，ディスプレイでテキストを読むようになるだろう。
　パソコンのディスプレイと紙とはずいぶん違うけれど，それでも「活字を読む」行為には，まだ共通項がある。しかし，ケータイの小さな窓から役に立つ情報だけを選んで眺めるのは，断片的な情報を入手したり，定期券やチケット代わりに使ったりといった生活のツールとしては便利だが，読むこととはまるで違う精神のあり方と言える[11]。
　ケータイはケータイでパソコンとはまた違う道具であり，人びとの情報生活におよぼす影響もまた異なったものになるだろう。若者

　　11）　アップルの情報端末iPhoneでは，画面がかなり大きくなり，小説などもきれいな縦書き表示で読めるので，この辺は技術の発達によってまた変わってくるだろう。

表20　代表的なケータイ・メールのことば遊び

種　類	例
①ギャル文字	ぁりカ〃とう（簡単レベル）　ぁレ）　カゞ｀⊂ぅ（難解レベル）
②解読文字	0833＝おやすみ　いちゃ②する＝いちゃいちゃする
③絵文字	☀ ⛩ ♥ zzz ⛏ 🈂 ☺ =3
④顔文字	(>_<)　(＾＾;)　m(＿ ＿)m　(σ´∀｀σ)　(;´Д｀)
⑤カッコ文字	昨日徹夜（死）　もう寝るデ（爆）　許さん！（笑）
⑥記号	★　△　◎　♪　＠　％
⑦小文字	末期だゎ　ありがとぅ　ぉはよぉ　おっけぃ
⑧誤字	まぢキレたよ←まじキレたよ　こんにちわ←こんにちは

出典）三宅和子「ケータイ語―ことば遊び文化の落とし子」

のケータイ・メールの文章は，絵文字入りで，文体もずいぶん変わってきている。後にふれるケータイ小説のような，新しい「文化」が生まれる可能性も，もちろんある。

『文藝春秋』2008年季刊秋号の『素晴らしき日本語の世界』に「ケータイ語――ことば遊び文化の落とし子」（筆者は三宅和子・東洋大学教授）という文章が載っている。若者のケータイ・コミュニケーションを日本人の伝統的なことば遊びの中に位置づけようとしたものだが，そこに「代表的なケータイ・メールのことば遊び」という表が掲げられていたので，ここに紹介しておこう。

16
総メディア社会で
何が変わったか

　インターネットの登場で既存マスメディアは大きな試練に立たされているが，一方で，新しく登場したパーソナルメディア，電子メディアも，考えるべき多くの問題を抱えている。

電子メディアは「消費者生成型」

　電子メディアの多くは（電子メールも，ブログも）ユーザー自らが作り上げたものである。新聞を読む，テレビを見るという行為は，作られたコンテンツを買っているわけだが，パーソナルメディアでは，自分たちでコンテンツを作り出し，相互に交換している。

　たとえば総務省が2008年7月に発表した「ブログの実態に関する調査研究」によると，国内のブログ総数は同年1月現在で1690万件ある。新規ブログ数は主なブログサービスが開始された2003年から急速に増え，近年は毎月40万から50万件が誕生しているという。ただし，最低月に1度は更新している「アクティブブログ」はその2割に当たる300万件となっている[12]。この調査はブログ開設の動機を以下のように分類している。

　アーカイブ型と収益目的型には他のデータ閲覧の比重が高いだろ

自己表現型	30.9 %
コミュニティ型	25.7
アーカイブ型	25
収益目的型	10.1
社会貢献型	8.4

　12）　http : //www.soumu.go.jp/iicp/chousakenkyu/data/research/survey/telecom/2008/2008-1-02-2.pdf

うが，自己表現型，コミュニティ型，社会貢献型は，まさに自分で情報を発信するか，あるいは双方向的なコミュニケーションを重視していると言っていい。だからこれらのメディアは，CGM（Consumer Generated Media）とか UGC（User Generated Content）と呼ばれ，日本では「消費者生成型メディア」とも言われる。

インターネットは2004年ごろから Web2.0と呼ばれる時代に入ったが，この Web2.0の合言葉が「ユーザーの積極的参加」だった。ウィキペディアは「みんなで作る百科事典」だし，ユーチューブのキャッチフレーズは「Broadcast yourself」（自分自身を放送しよう）である。

「編集メディア」・「無編集メディア」

マスメディアは，新聞にしろ，テレビにしろ，書籍にしろ，専門家集団が多くの人員と莫大な費用とかなりの時間をかけて作り上げたコンテンツをパッケージ化，それを多数の読者に伝える。読者は，言わば完成したコンテンツを受け取るだけである。投稿などで読者の声が特集されることはあるが，それは特殊なケースで，基本的にすべては送り手によって編集される。

たとえば新聞の場合，一線の記者が取材をして記事を書き，デスクに提出する。デスクは誤りを正したり，文章を整えたり，補足取材を命じて書き直させたり，さまざまに点検する。それが新聞制作の要である整理部に回る。整理部では記事をどの面に配置するかを判断し，読者の関心を引くような見出しをつけ，紙面レイアウトを決めるが，ここでも記事の中身をチェックする。固有名詞や表記の誤りは校閲が正す。このように多くの人の手を経て新聞は出来上がる。雑誌でも，テレビでも，だいたい同じである。

だから，新聞の発行人，雑誌の編集者，テレビのディレクターなどは，内容に関する全責任を負っている。それがメディアの信用であり，また責任でもあった。このようなメディアを「編集メディア」と呼ぶことにしよう。

これに対してパーソナルメディアは，ほとんどの場合，ユーザーが一人で書く。記事を他に点検する人はいないので，事実の誤りも，表記の単純ミスも，意図的な暴論も，そのまま公開される。プロバイダーが提供するサービスを使っていたとしても，プロバイダーが個々の内容まで点検することはほとんどない（物理的に不可能でもある）。だから真偽を判断するのは，それを読むユーザーの責任である。このように本人以外にチェック機能のないメディアを「無編集メディア」と呼ぶことにしよう。

例外はもちろんあるが，だいたいにおいてマスメディアは「編集メディア」，パーソナルメディアは「無編集メディア」と言っていい。

「相互編集メディア」・「コンピュータ編集メディア」

パーソナルメディアは，それでは誰も誤りを点検しないのかというと，必ずしもそうではない。記事を読んだ人が誤りに気づいて，メールやコメントを通して誤りを指摘してくれる場合がある。印刷メディアと違って記事に締め切りはなく，ブログの書き手が訂正することも簡単だ。したがって，パーソナルメディアは「相互編集メディア」と呼ぶこともできる。

多くの人の協力で記事を作成していくウィキペディアはまさに「相互編集メディア」の典型と言えるだろう。ただし「イラク戦争」とか「靖国神社」と言った政治的な項目では，対立する意見の持ち主が訂正を繰り返す「編集合戦」が起きている。官庁や大企業のコンピュータから，自分たちに都合の悪い記事の削除や有利な記述の追加が行われた例も多い。「相互編集メディア」は，「揺れるメディア」でもある。

コンピュータ（技術）によって自動編集されたメディアもある。グーグルニュースがその典型で，トップページ最下段には「このページの記事は，コンピュータプログラムで自動的に選択および掲載されている」と断り書きがある。「コンピュータ編集メディア」

である。

　グーグルニュースは（日本版の場合），国内のマスメディア，研究機関，企業，さらには個人のウエブ（ホームページやブログ）の情報を検索エンジンで収集し，それをコンピュータで自動編集したものだ。編集基準は，①たくさんのウエブで言及されているニュースを優先する（同じ話題を取り上げているサイトの数で「関心の高さ」を測る），②ニュース発信元に対してグーグル独自の格付けをする，③更新の新しいものを優先する，などである。

　グーグルニュースでは，特定の事件・事故を報ずる複数の記事を一覧できるため，各記事の視点の違いを読み比べられるメリットもあるが，グーグルニュース全体の価値判断は，コンピュータ・アルゴリズムとそれを設計する人間によって決められ，既存マスメディアのように，ニュースの専門家が行う価値判断とはずいぶん違う。

　ユーザーの購読履歴から新書を推薦するアマゾン・コムのリコメンデーション・システムもコンピュータ作業だ。「この本を買った人は，こういう本も買っている」という一般的な宣伝もあるし，個別に好みにあいそうな本も推薦してくれる。

　電子メディアだからこそ，コンピュータによる自動編集が可能になったわけで，そのメリットは大きいが，一方で，コンピュータ・アルゴリズム特有の限界があることも確かだろう。

インターネット広告とマスメディア

　2002年からグーグルの検索ページの右側に「スポンサー」という欄ができ，そこに広告が載るようになった。これが検索（クリック）連動型広告と呼ばれるものだ。インターネット広告は，既存メディアの枠から離れて，インターネットというメディアの潜在的可能性を生かした新しい広告になり，グーグルはこの検索連動型広告の収入で，一躍，IT企業の雄へと飛躍した。ヤフーも検索連動型広告を採用しており，インターネット広告の中でしだいに大きな位置を占めるようになっている。

検索連動型広告は，検索ページだけではなく，個人が作ったブログにも，さらにはグーグルが提供している無料メール，Ｇメールにも表示される。たとえば，サイトの管理者がグーグルと契約すると，記事に関係のある広告が表示され，サイトを訪れた人がついでに広告をクリックしてくれると，グーグルに入る広告費のごく一部がサイトの管理者にも還元される。人気のあるサイト経営者の場合は，立派なビジネスになるとも言われている。

　インターネット広告は既存マスメディアの広告に比べれば1件ごとの単価は安いが，検索サイトばかりでなく，ユーザーが開設しているブログやケータイのサイトにも採用されているから，チリも積もれば山となるの理屈で，既存マスメディアにとって，すでに大きな脅威となりつつある。表21は電通が2008年2月に発表した「2007年日本の広告費」のデータである[13]。

　総広告費は微増しているのに，マスコミ4媒体の広告費は，新聞，雑誌，ラジオ，テレビともに減少傾向にある。対前年比で，新聞は94.9％，雑誌は96.0％，ラジオ95.8％，テレビも99.1％である。新聞の落ち込みが大きい。これに対してインターネット広告は，検索連動型広告やケータイなどのモバイル広告を中心に拡大を続け，対前年比124.4％である。

表21　総広告費と内訳　(単位：億円)

	2005年	2006年	2007年
総広告費	68,235	69,399	70,191
マスコミ4媒体	37,408	36,668	35,699
新　聞	10,377	9,986	9,462
雑　誌	4,842	4,777	4,585
ラジオ	1,778	1,744	1,671
テレビ	20,411	20,161	19,981
インターネット	3,777	4,826	6,003

　13）　電通「日本の広告費」http://www.dentsu.co.jp/marketing/adex/adex2007/index.html

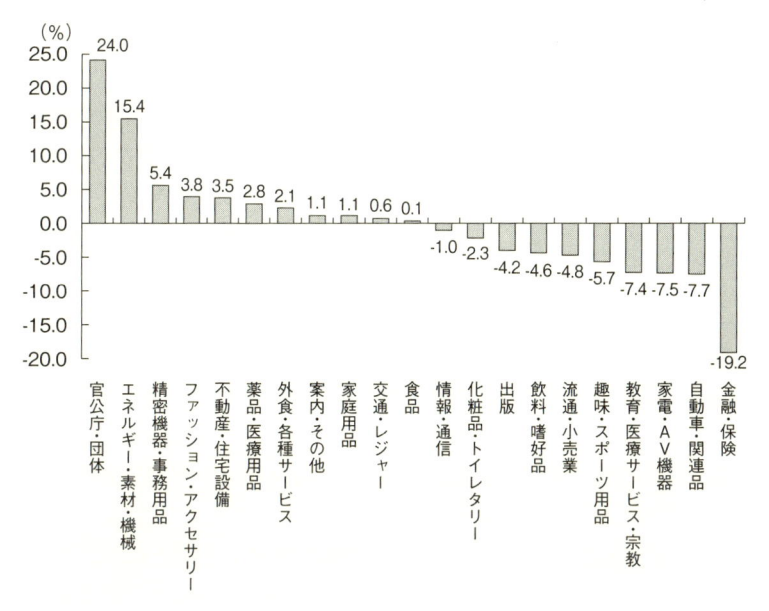

図9 マスコミ4媒体の業種別広告伸び率

出典）電通「2007年日本の広告費」

　インターネット広告は2005年にはラジオを抜き，2006年には雑誌を抜いた。新聞がインターネットに抜かれるのもそんなに遠くないだろう。

　図9は，業種別のマスコミ4媒体広告費の対前年伸び率を示している。官公庁・団体（この年に参院選があった）とエネルギー・素材・機械が伸びているが，不動産・住宅設備は微増，逆に金融・保険，自動車・関連品，家電・AV機器，教育・医療サービス・宗教などで減少が目立つ。

　ところでこの電通報告書は，2008年の総広告費を北京オリンピックなどを勘案して，7兆1,354億円，前年比101.7％と予想していたが，2009年2月に発表された「2008年日本の広告費」によると，「アメリカの金融危機に端を発した世界的な不況，急激な円高による景気減退」を反映して，総広告費は6兆6,926億円，前年比95.3％という大幅減少となった。これは当然，マスコミ4媒体を直撃し，

対前年比で言うと，全体で92.4％（3兆2,995億円），新聞87.5％（8,276億円），雑誌88.9％（4,078億円），ラジオ92.7％（1,549億円），テレビ95.6％（1兆9,092億円）である。広告費全体が予想外の減少だったことを割り引いても，同年のインターネット広告費が116.3％（6,983億円）であることを考えると，広告面でも，マスメディアからパーソナルメディアへの移行ははっきりしている。

マス・マーケティングの黄昏● パーソナルメディアがマスメディアを脅かすほどに発達してくると，マーケティングの手法も変わってくる。マスメディアの広告が多くの受け手に向けて商品を宣伝するのに対して，インターネットの広告は，とくに検索連動型の場合，具体的な出来事や商品に関心のある人にターゲットを絞って告知することができ，それだけ効率がいい。だれかが使ってみて「これ素晴らしかった」とブログやSNSで書くと，それらはキーワードでリンクされて，あっという間に広まっていく。バイラル・マーケティングとかバズ・マーケティングと呼ばれるものがそれである。マス・マーケティングの黄昏が，マスメディアを脅かしていると言えるだろう。

　新聞も，雑誌も，収入源は販売収入と広告収入の2本立てである。地上波テレビやBS放送はほとんど広告収入だけで成り立っている。マスメディアにとって広告は不可欠ではあるが，主役はあくまでも記事や番組である。そういう意味では記事と広告は峻別されていた[14]。
　ところがクリック連動型広告になると，記事と広告は同じ誌面に載ることもあり，両者の境界はきわめてあいまいになる。広告こそニュースというのも一面の真理である。記事と広告の境界が薄れて

---

　14)　新聞社に勤めていたころ，記事と広告のせめぎあいを何度も経験した。記事は客観的な報道がたてまえだが，広告はあくまで宣伝のために都合のいい事実しか告知しない。編集局の人間にとって記事こそが新聞の命で，広告はその付属物だ。ところが広告局の人間にとっては広告こそ命だろう。スポンサーや広告局は関連記事が載っている紙面の隣りに広告を載せたがるが，編集局は，記事の客観性を疑わせないた

いるという事実もまた，ジャーナリズムのあり方に大きな影響を与えている。

浮遊する情報の危うさ

電子メディアの特徴は，メッセージとしての情報がメディアに固定されず，次から次へとメディアを乗り換えて流通することである。すべての情報がインターネットを経由して流れると言ってもいい。たとえば，もともと新聞用に書かれた記事が，そのまま（文体などの表現を変えながら）テレビで報じられたり，オンラインで配信されたり，街中や列車などの電光掲示板に流れたりする。

アメリカのプログラマーが書いた本[15]に，バイラル・マーケティングの先駆けとなったという次のような話が紹介されている。

2006年初頭，ユーチューブに「ティーパーティ」という短編ビデオが投稿された。ニューイングランドの良家の子女のライフスタイルをパロディ化した短いビデオで，公開後の数週間で50万件ものアクセスがあった。一見すると，個人が制作した小品のように見えるこのビデオは，実は大手企業がスポンサーになって麦芽飲料の新製品を宣伝するために，1作品の制作費に3000万円もかけるという世界的な広告会社が制作したものだった。

めに，逆になるべく離したい。一方，欠陥車訴訟の記事が載っている紙面には自動車会社は広告を出したがらず，掲載日をずらしたりする。
　労働組合の会合で広告局の代議員から「欠陥車の記事が載ると，自動車会社は広告を出したがらないので，我々は何度も自動車会社に営業に行かざるを得ない。編集局の仕事が我々に労働強化を強いる」などと，冗談と本音が入り混じった発言を聞いたことがあるが，それでも編集第一主義が浸透していた1960年代には，編集が妥協することはほぼなかった。新聞社においても，広告収入の比率が増えるにつれて，広告局およびスポンサーの意向は強くなっていきたが，ともかくも記事と広告は峻別されていたと言っていい。
　15）　アンドリュー・キーン『グーグルとウィキペディアとYouTubeに未来はあるのか？』（サンガ，田中じゅん訳，原著はAndrew Keen "the cult of the ameteur how today's internet is killing our culture" 2007)

パーソナルメディアは，どちらかというと情報の送り手も受け手も個人単位であるという話をしたが，いまやこのパーソナルメディアを大企業が宣伝用に使っている。新製品宣伝のために熱心なブログ製作者（ブロガー）と連携して，好意的なクチコミを書いてもらうといったバイラル・マーケティングの手法は，すでに広範に利用されている。

　ブログにはスパムブログ，あるいは迷惑ブログと呼ばれるものもある。広告収入を稼ぐ目的で意味不明の内容を羅列しただけのものや，出会い系サイトに誘導するものなど。先に上げた総務省のブログ調査によると，アクティブブログの12%がスパムブログに該当する。内訳は，「販売誘導」が38.3%，「アフィリエイト収入」が17.1%，「アダルト・出会い系サイトへの誘導」が7.0%となっている。

　インターネット上の情報に関しては，客観的な記事なのか意図的な広告なのかの境界はあいまいになっているし，個人と組織の垣根も取り払われ，パーソナルメディアそのものがマスメディア以上にマスに（パーソナルに）働きかける手段に利用されている。マスメディアとパーソナルメディアの区別がつかなくなっている。

　ウィキペディアは誰もが編集に参加でき，その履歴を見ることができる。例えば，2003年3月19日にアメリカがイラクへの空爆を開始した「イラク戦争」の記事は，同年3月20日から書き始められ，2008年9月6日までの間に約1000回，編集されている。ウィキペディアの記事を熱心に編集しているボランティアも多く，同一人による編集（訂正や追加）も多いと思われるが，この間に同記事の記述はさまざまに変化している。最新版は現時点における最善の作品とも言えるが，悪意の編集によってゆがめられている版である可能性もある。

　これらの記述は，専門家による信頼できるものである場合も，素人の思い込みによるものもある。専門家の記述を素人が訂正する場合も，もちろんある。ウィキペディアの記事は，日々揺れ動いており，確定版というものはない。これがウィキペディアの長所でもあり，同時に注意すべき点だと言えるだろう[16]。

グーグルなどの検索企業にとっては，多くのユーザーが検索エンジンを利用したり，ブログやホームページをつくったりして，情報活動を活発化してくれればくれるほど，利用できる広告媒体が増えることを意味する。だから，グーグルは膨大な資金をつぎ込んで便利で高性能なツールを開発し，それを惜しげもなく無料で提供している。

　私たちがふだん検索エンジンを使ったり，電子メールを書いたり，掲示板で議論したりする情報活動，極端に言えば，電子井戸端会議の中身そのものが，IT 企業のビジネスに結びついている。

　16）　ときどき大学のレポートで学生がウィキペディアの記事を引用しているのを見るが，このように揺れ動き，信憑性もあやしい記事を参考文献として上げるのは難しい。強いて引用するなら，○年○月○日○時○分と指定せざるを得ず，そうしたところで，その版はすでにそのままの形で見ることはできない。

　17）　『新・現代マスコミ論のポイント』でまとめた電子メディアの特質の，いくつかの柱とその骨子だけ紹介しておく。
　〈融通無碍〉従来のメディアでは送り手が受け手に完成品を届けるが，電子メディアでは送り手が作ったものを受け手がそのまま見るとは限らない。端末に編集機能がついており，読みたい記事だけ選んで配列しなおしたり，文字のフォント，大きさ，色を変えたり，全体のレイアウトを組み替えたりできる。情報を収容するスペースの制限もなければ，月刊，週刊，日刊といった締め切りもない。いつでも好きな時間に記事の訂正や更新ができる。
　〈シームレス―境界の喪失〉デジタル情報は 0 と 1 との記号の集合だから，メディア（媒体）を選ばず，また文字，絵，音声，動画といった表現形式も問わない。
　〈インタラクティブ〉インタラクティブ（双方向性）には，コンピュータと人間とのインタラクティブな交流と，インタラクティブな通信機器を通して可能になる人間の相互交流という 2 つの側面がある。ともに送り手と受け手の相互交流，ひいては送り手と受け手の役割交換を可能にする。例えばコンピュータ・ゲームの場合，紙の書物や映画が一定の筋書きを読者に強要するのとは異なり，受け手が自分の関心にそってどのようにも楽しむことができる。またブログやホームページなどを通じて結ばれた人びとは，交流することによって既存組織のヒエラルキー構造を突き崩し，よりゆるやかな連帯に裏づけられた新しいネットワークを作り出す。
　〈解体と再構成〉デジタル情報の強力な機能は，検索とソート（並び替え），それにリンクである。これらの機能に共通するのは，特定の文字列をあらかじめ埋め込まれた文脈から切り離して，単独に引き出してくることである。デジタル情報は埋め込まれた構造を離れて，ばらばらに取り出され，再構成されていく。小説はたいてい冒頭から読みはじめ，起承転結のストーリーにそって，順次（シーケンシャルに）読んでいくが，デジタルテキストは，リンクを張られた単語に興味があれば，そのページに飛び，ある主張の反論を読みたければ，さらに別のページに飛ぶというふうに，自由な文脈で読み進めることができる。このような自在なテキストのあり方をハイパーテキストと呼んでいる。

インターネットはまさに魑魅魍魎の世界でもある[17]。

第Ⅳ部

総メディア社会と「表現の自由」

本書のねらいは，メディア激変の中で，ともすれば影が薄くなりがちな「ジャーナリズム」の役割を見直すとともに，憲法上の重要な権利である「表現の自由」の意味を再考しようというものである。その根幹部分にあたる「表現の自由」について考える。

17
「表現の自由」と
メディア

　「表現の自由」は，多くの国の基本法が保障するもろもろの権利のなかでもとりわけ重要だと言っていい。日本国憲法においても「集会，結社及び言論，出版その他一切の表現の自由は，これを保障する」(第21条) と定められている。
　芦部信喜『憲法』によれば，「表現の自由」を支える価値には二つある。一つは「個人が言論活動を通じて自己の人格を発展させるという，個人的な価値（自己実現の価値）」であり，もう一つは「言論活動によって国民が政治的意思決定に関与するという，民主政に資する社会的価値（自己統治の価値）」である[1]。
　なお，「表現の自由 (freedom of expression)」と「言論の自由 (freedom of speech)」を区別する考え方もあるが，ここではほぼ同様のものとして扱う。

「表現の自由」論の古典

■ジョン・ミルトン『アレオパヂティカ』■
　大叙事詩『失楽園』で有名なイギリスの詩人ジョン・ミルトンが，書物の検閲に反対して，17世紀中ごろに著わした『アレオパヂティカ――許可なくして自由のためにイギリス国会に与える演説』は，「表現の自由」論の最重要古典の一つに数えられている。
　1641年，ピューリタン革命を経た後に成立した英国「長期議会」が，時代に逆行して，許可なくして書物を印刷・翻刻，輸入することを禁じ，「如何なる書籍，冊子または印刷物といえども，そのために任命された人々または少なくともその一人によってまず是認され許可を受けなければ，今後印刷してはならない」という法令を発

1） 芦部前掲書 (p.160)

布したのに対し，文豪ミルトンが許可を得ずして印刷したのが『アレオパヂティカ（Areopagitica）』である。だから「許可なくして自由のためにイギリス国会に与える」という但し書きがついている[2]。
以下のような記述がある。

「注意しないと，善良な書物を殺すことが殆ど人を殺すのと同然なことになる。人を殺す者は，神の像たる理性的被造物を殺すのであるが，善良な書物を滅ぼす者は，理性そのものを殺すのであり，いわば神の像の眼目を傷つけて殺すものである」，「悪い食物はどんな健康な胃腸においても良い栄養となることは殆どないであろう。だが悪い書物の異なるところはこの点に存するのである。すなわち悪い書物は思慮あり分別ある読者にとっては，多くの点で発見し，論駁し，警戒し，例証するのに役立つのである。……すなわち最も真実なるものへ速やかに到達するためには，あらゆる意見，否，誤謬すらも，これを知り，読み，比較することが大いに役立ち且つ助けとなる」，「真理がその場にある限り，我々が検閲や禁止などによってその力を疑うのは不当である。真理と虚偽とを組打ちさせよ。自由な公開の勝負で真理が負けたためしを誰が知るか」[3]。

近代市民社会の理念が築き上げられようとする時代の熱気が感じられる。悪い食物はどんな胃に対しても栄養となることはないが，書物の場合は，悪書すら思慮ある読者にとっては栄養となる，という言葉には含蓄がある。最後のくだりは有名だが，「真理と虚偽を自由な公開の場で組み打ちさせれば，真理が必ず勝つ」というのは，現実にはそうでない場合も多く，この辺は議論のあるところだが，真理に対するナイーブなほどの信頼がまぶしい[4]。

2） Areopagitica というタイトルは，ギリシャ・アテネのパルテノン神殿近くの丘，アレオパゴス（Areopagus）からきている。アレオパゴスは，ギリシャの民主政確立以前に，貴族による会議が行われていた。
3） ミルトン『アレオパヂティカ』（岩波文庫，p.10, p.23）

■ジョン・スチュアート・ミル『自由論』■

　『経済学原理』でも有名なイギリスの経済学者（哲学者），ジョン・スチュアート・ミルは1859年に「自由論」を著わした。これも「表現の自由」の古典と言っていいだろう。
　ミルが主張しようとした「一つの極めて単純な原理」は，「人類がその成員のいずれか一人の行動の自由に，個人的にせよ集団的にせよ，干渉することが，むしろ正当な根拠をもつとされる唯一の目的は，自己防衛（self-protection）であるというにある。また，文明社会のどの成員に対してにせよ，彼の意志に反して権力を行使しても正当とされるための唯一の目的は，他の成員に及ぶ害の防止にある」[5]というものだ。
　これは「他者危害（harm to others）の原則」として知られている。他人に危害を与えさえしなければ何をしようとその人の自由であり，権力はこれを妨げるべきではない，ということである。彼はこう言っている。
　「自由の名に値する唯一の自由は，われわれが他人の幸福を奪い取ろうとせず，また幸福を得ようとする他人の努力を阻害しないかぎり，われわれは自分自身の幸福を自分自身の方法において追求する自由である。……。人類は，自分にとって幸福に思われるような生活をたがいに許す方が，他の人々が幸福と感ずるような生活を各人に強いるときよりも，得るところが一層多い」[6]。
　「自由」についての基本的見解を述べた後，ミルは「思想および言論の自由について」次のように述べている。

　　「仮りに一人を除く全人類が同一の意見を持ち，唯一人が反対の意見を抱いていると仮定しても，人類がその一人を沈黙させるこ

　4）　これより少し後に，フランスの思想家として有名なボルテールが言ったという「私は貴方の意見には反対だ。しかし，貴方がそれを言う権利を，私は命にかけても守ろう」も有名である。もっとも，これはボルテールが言ったのではなく，その伝記作者の表現だとも言われる。
　5）　ミル『自由論』（岩波文庫，p.24）
　6）　前掲書（p.30）

との不当であろうことは，仮にその一人が全人類を沈黙させうる権力をもっていて，それをあえてすることが不当であるのと異ならない」，「もしもその意見が正しいものであるならば，人類は誤謬を捨てて真理をとる機会を奪われる。また，たとえその意見が誤っているとしても，彼らは，これとほとんど同様に重要なる利益――即ち，真理と誤謬との対決によって生じるところの，真理の一層明白に認識し一層鮮やかな印象をうけるという利益――を，失うのである」，「自由な論議の矢来が開かれたままであるならば，たとえ一層完全な真理が他に存在していても，人間の精神がそれを受け取り得るならば，必ずその真理は発見されるであろうとのぞむことができる」[7]。

ミルは，たった一人の独裁者が被支配者の言論を封殺するのと同じように，全人類と違う意見をたった一人が抱いていたとしても，その言論を封殺すべきではない，と言っているわけである。

ミルトン，ミル，ともに格調が高い文章である。まさに「表現の自由」を守る気概とは，このようなものでなくてはならない。未曾有のメディア混乱期である現在，「表現の自由」の価値をあらためて認識し，日々の営みの中で，それをより実質的なものにしていくことが大切だろう。

■O・W・ホームズ「思想の自由市場」理論■

ミルトン，ミルなどの思想を受けついで，20世紀初頭にアメリカ最高裁判事，O・W・ホームズは，「思想の評価は，政府が関与することのない言論間の自由競争によるべきである。表現には表現（モア・スピーチ）で対抗すべきであり，『表現の自由』の制約は，『思想の自由市場』に委ねておくことができないような重要な害悪が発生する『明白かつ現在の危険』[8]がある場合に限られるべきである」という，いわゆる「思想の自由市場」理論を定式化した

---

7) 前掲書（p.36～37, p.47）
8) 「明白かつ現在の危険（clear and present danger）」をタイトルにした映画があった。邦題は「今そこにある危機」。ハリソン・フォード主演。

(「シェンク事件」における法廷意見から生まれたもの)。
　「明白かつ現在の危険 (clear and present danger)」というのは，これも『芦部・憲法』によれば，「①ある表現行為が近い将来，ある実質的害悪を引き起こす蓋然性が明白であること，②その実質的害悪がきわめて重大であり，その重大な害悪の発生が時間的に切迫していること，③当該規制手段が右害悪を避けるのに必要不可欠であること，の３つの要件の存在が論証された場合にはじめて，当該表現行為を規制することができる」というものである[9]。
　1997年にアメリカ通信品位法を違憲とした連邦最高裁判決も「思想の自由市場」理論に触れている。

「二重の基準」論●　　先の「思想の自由市場」理論は，「表現の自由」の制限にはきわめて慎重でなくてはならないことを説いているが，「二重の基準 (double standard)」論というのは，まさに精神的自由の優越性を説いた理論である。『芦部・憲法』は人権のカタログのなかで，「精神的自由は立憲民主政の政治過程にとって不可欠の権利であるから，それは経済的自由に比べて優越的地位を占めるとし，したがって，人権を規制する法律の違憲審査にあたって，経済的自由の規制立法に関して適用される『合理性の基準』は，精神的自由の規制立法については妥当せず，より厳格な基準によって審査されなければならないとする理論」と説明している[10]。
　この「二重の基準」論については後にふれる。

マスメディアと「表現の自由」

　「表現の自由」は，歴史的には，新聞 (press) の活動とともに発展してきた面が強く，ここでは，主として新聞の発達を通して，「表現の自由」と「表現の自由を享有する（引用者注，本来的にもっ

---

9) 芦部前掲書 (p.186)
10) 前掲書 (p.100)

ている）社会的機能，あるいはそのような自由を享有する主体」[11]と言われるジャーナリズムについてふりかえっておこう。

■送り手の「報道・出版の自由」■

　情報は発信され，受け取られるものだから，「表現の自由」は原理的に「受け手」の「知る権利」を内包していたといえるが，歴史的経過としては，送り手の「表現の自由」がまず問題となった。情報を規制しようとする側にとっては，送り手の首根っこを押さえさえすれば，受け手には情報が届かず，それで実効が上がったからである。

　「表現の自由」は，何よりもまず個人の自己実現をめざすための権利だった。自立した個人の存在と，それを保障する国家という考えに裏打ちされていた。報道機関が成立し，政治，経済，文化などにかかわるさまざまな情報を提供するようになると，しだいに情報の「送り手」と「受け手」の役割は固定され，「表現の自由」は「報道・出版（プレス）の自由」として意識されるようになる。

　さらには民主主義社会を支える不可欠な要素としての「表現の自由」が強調されることにもなった。国政に関するさまざまな情報を国民に伝え，世論形成に寄与する役割，民主主義社会の制度的保障としてのメディア，そのための「報道の自由」である。

　報道機関は「表現・報道の自由」のもとに，国民の「知る権利」に奉仕するものとして取材活動を展開すると説明された。そこから「取材の自由」という考え方も出てくる。役所の記者室提供や法廷に記者席を設けるなどの便宜提供も，「取材の自由」によって容認されてきた。

　ここでは，マスメディアは情報の「送り手」，個人（国民）はその「受け手」というふうに社会的役割が固定されており，だからこそ「マスメディアの社会的責任」が説かれもした。ジャーナリズムの役割としての「真実の追求」，「権力の監視」が強調され，「送り手」と「受け手」とのよき共存関係が想定されていたとも言えるだ

　　11）　奥平康弘「ジャーナリズムと法律」（『表現の自由Ⅱ』有斐閣，1984年）

ろう。

日本における,この歴史的文脈におけるジャーナリズムの社会的事件としては,①法廷内撮影などの取材制限,②記者の取材源秘匿権,③取材メモ,テレビフィルムなど報道目的のために取得した情報の強制提出命令,④国家秘密と報道の自由,などが問題になった。

博多駅テレビフィルム提出命令事件●　1968年1月,米原子力空母エンタープライズの日本寄港を阻止するため,佐世保に集結しようとした反代々木系全学連の学生と機動隊員が博多駅で衝突した際,機動隊側に過剰警備があったとして付審判請求(公務員の職権濫用罪などに関して検察が不起訴にした場合にその当否を審査する審判)がなされた。福岡地裁はその審理のため,テレビ放送各社に現場を撮影したテレビフィルムを証拠として提出するよう命じたが,放送会社は命令が「報道の自由」を侵害するとして争った。最高裁は翌1969年,提出命令そのものは合憲としながらも「報道の自由とともに,報道のための取材の自由も,憲法21条の精神に照らし,十分尊重に値するものといわなければならない」と,国民の「知る権利」を「報道の自由」の基礎に据える決定をした。

■**受け手の「知る権利」とマスメディア批判**■

20世紀半ばごろから,日本においては経済の高度成長期以降,企業体としてのメディア(マスメディア)が大規模化,同時に多様化するとともに,「送り手としてのメディア」,「受け手としての国民」の間に利害の対立が生じ,メディアの役割に対する不信がしだいに強まってくる。

テレビや週刊誌の隆盛とあいまって,マスメディアは社会性の強い情報の伝達よりも,芸能,スポーツ,娯楽,趣味といった個人的な生活情報,エンターテイメントの提供を重視するようになった。主義主張は利潤追求の手段となり,公権力の規制に服する傾向も出てくる。「表現の自由」の,「企業の自由」,「営業の自由」,場合によっては「表現しない自由」への変質が指摘されるようになった。「ジャーナリズム」から「マスコミ」への移行と言ってもいい。

もともと「知る権利」は，アメリカの報道機関が政府に対して情報公開を迫る際，自らを国民の「知る権利」の代弁者として位置づけたことに由来するが，「送り手」と「受け手」の間に分裂が生じれば，国民の側から「知る権利」の再構築が求められることになる。マスメディアへの「アクセス権」というのは，「表現の自由」の弊害を是正するためには公権力による規制も必要だという，「表現の自由」のいわば社会権的主張である[12]。

日本においては，1970年ごろ「マスコミ公害」，「情報公害」ということが言われるようになった。新聞は情報のデパート化し，テレビはすべてをショー化，週刊誌をはじめとする雑誌は，売らんかなのセンセーショナリズムを強め，硬派の総合月刊誌は退潮を余儀なくされていった。

この歴史的文脈では，プライバシー侵害や名誉毀損などを理由にマスコミを訴えるケースが多発，メディアの批判的受容という観点から「メディアリテラシー」がさかんに唱えられるようにもなった。

ロス疑惑●　　センセーショナルな報道の典型が1984年から85年にかけて展開された「ロス疑惑」である。三浦和義元社長が1981年にアメリカを旅行中，保険金目当てに妻を殺害したのではないかと週刊誌に報じられたのが発端で，激しい報道合戦が繰り広げられた。三浦容疑者は逮捕，起訴されたが，裁判の結果は，妻の殴打事件では殺人未遂罪が確定しすでに服役，銃撃殺人事件では最高裁で無罪が確定している（三浦元社長は2008年にサイパンを旅行中，アメリカ当局にふたたび身柄を拘束され，ロサンゼルスへ移送された後に留置場内で死亡。自殺，と報じられている）。

この事件は，テレビのワイドショーを舞台に「報道の芸能化」が推進された例として有名だが，新聞も含めて，報道と人権をめぐる問題が大きくクローズアップされた。三浦被告がメディア相手に名

12）　大阪大学教授・松井茂記は「アクセス権論は，従来政府の規制が存在しないことが言論の自由だと考えられてきたことを批判し，実際に自由を確保するためには政府による規制が必要だとして，発想の転換を求めた」と書いている。(『マス・メディア法入門［第2版］』日本評論社，1998，p.258)

誉毀損などで約260件の民事訴訟を起こしたことでも話題になった。関連した複数の訴訟がまとめて審理されることもあり，1998年段階で出された一審判決が195件。その約6割，115件でメディア側が負けている。朝日新聞記者の村田歓吾は『朝日総研リポート』(1998.12号)で「多くは記事（報道）内容が真実と証明されず，かつ，報道する側が真実と信じる相当の理由があったと認められない，つまり，事実かどうか分からない事柄を，報道機関としてなすべき取材・確認の努力をせずに報じたと裁判所が認定し，その内容が名誉毀損と断じられた」と書いている。

18
マスメディアの混乱と
「表現の自由」論の変遷

　1990年代に入ると，テレビのデジタル多チャンネル化の推進や，個人でも簡単に情報発信できるインターネットの登場など，従来のマスメディアの根幹を揺るがすような事態が進み始める。現代に至る総メディア社会出現の萌芽だが，このようなメディア地図の激変を受けて顕在化したのが，マスメディアのアイデンティティ喪失だったことは記憶されていいだろう。「表現の自由」を担う主体としての自負も，意気込みもしだいに薄れていく。

アイデンティティの喪失

　デジタル技術による社会の総メディア化，高度情報社会化は，既存メディア相互の垣根を取り払うと同時に，これまでメディアとは縁のなかった娯楽産業，総合商社，流通大手，コンピュータ・メーカーなど異業種大資本の，国境を越えてのメディア産業への侵攻をもたらした。既存メディアや新興メディアが，相互に牽制，あるいは合従連衡を繰り返しながら激しい生き残り競争を展開する中で，マスメディアは企業としての存立を図りながら，自らのアイデンティティをどのように保っていけるのか。このことこそが，21世紀に向けてマスメディアが新たな歩みをはじめるための最優先課題だったはずだが，当時のマスメディアに顕著に見られたのが「アイデンティティの喪失」だった。
　多メディア化は，一方では新しいメディア企業による娯楽，スポーツ，生活情報など「売れる実用情報」提供を促進しつつ，他方では既存マスメディアにおけるジャーナリズム精神を衰退させていった。「残念ながらその構図は，巨大資本の攻勢にたじたじとなり，あるいはそれに煽られて，マスメディアがジャーナリズム性を手放しつつある姿」[13]だった。

アイデンティティ喪失の顕著な例が，1999年3月，広告会社・電通の発案で新聞の全国紙，ブロック紙，地方紙91紙を使って行われた「意見広告キャンペーン」，題して「ニッポンをほめよう」キャンペーンだった。全国・ブロック紙では2ページ見開きで，左側に吉田茂元首相の顔写真が大きく載り，右側には「ニッポンをほめよう。」との活字がこれも大きく掲載されていた。本文には「政治が悪い，官僚が悪い，上司が悪い，教育が悪いと，戦犯さがしに明けくれるのは，もうよそう。ダメだダメだの大合唱からは，何も生まれはしないのだから」とあり，最後は『「ニッポンをほめよう』は，わたしたち60の企業が発信する，共同声明です」で終わっていた。59の企業名の最後に，朝日新聞には朝日新聞社，読売新聞には読売新聞社，日経新聞には日本経済新聞社というふうに，それぞれの掲載紙の会社名が載っている（後には歌手の矢沢永吉を使った1ページものも掲載された）。

　ジャーナリズムを否定するかのような文言が含まれている意見広告に新聞社自らが名を列ねていることに，ジャーナリズムの置かれた複雑で深刻な問題が横たわっていたといえるだろう[14]。

憲法学者の警告

　メディア激変の中でジャーナリズム精神が衰退しつつあるとの危惧は，多くのメディア関係者の共有するところでもあり，当時，こういった問題を取り上げた『日本の情報化とジャーナリズム』，『岐路に立つ日本のジャーナリズム』などの本も出ている。

　憲法学者で最高裁判事もつとめた伊藤正巳は，後者に寄稿した論文で，「表現の自由」の優越的地位の法理が，日本の「裁判におい

　13）矢野直明「『表現の自由』の現代的危機について」（『朝日総研リポート』1999.6号）

　14）当時，朝日新聞社内でも，このことはほとんど話題にならなかった。すでに広告収入が鈍っており，これだけの全面広告を逃す手はない，といった反応も強かったように思われる。

て実際に働いていない」理由を考察して，司法風土における少数者保護意識の希薄さと違憲審査権行使への消極姿勢を上げながら，あわせて昨今のマスメディアには「優越性を憲法上保障されているだけの表現活動」を実践しているとの意識が欠けており，このことが裁判における「二重の基準の運用に影を落としている」と指摘している[15]。

この原稿が書かれた1996年前後の出来事を思い起こせば，ロス疑惑やオウム事件（松本サリン事件1994年6月，地下鉄サリン事件1995年3月）をめぐり新聞，週刊誌，テレビ（とくにワイドショー番組）などメディアぐるみの激しい取材合戦があり，周辺住民や取材される側のプライバシーや名誉毀損（ぬれぎぬ報道）が大きな社会問題になっている。

また，TBSのオウムビデオテープ事件（1989年10月，TBSのワイドショー番組のスタッフが，オウム真理教を批判する坂本堤弁護士のインタビュー映像を，放送直前にオウム真理教幹部に見せた），選挙報道をめぐるテレビ朝日報道局長発言（1993年9月），さらにはペルー日本大使公邸占拠をめぐるテレビクルーの公邸内突撃取材（1997年1月）では，テレビ報道のありようが問われ，責任者が国会に喚問されるなど，放送の「公共性」そのものが大きく揺れた。1996年6月にはメディア・コングロマリットの総帥，ルパート・マードックがテレビ朝日株を取得し，日本メディア界全体に大きな衝撃を与えている。

マスメディアには，「報道の自由」，「取材の自由」のもとに，「取材源の秘匿」，「証言拒否権」などが一般に容認されている。記者クラブ，法廷におけるメモ採取など，取材現場における便宜も与えられている。ところが「昨今のメディアのあり方は，一般的には承認を受けていると思われるこれらの特権に対して世間一般の消極的反応を生み出し，それがまた公権力のメディアに対する規制攻勢を呼び込んでいる。ジャーナリズムとして，これらの状況をどう考える

---

15) 伊藤正巳「表現の自由の優越的地位」（『岐路に立つ日本のジャーナリズム』所収）

かが問題」だというのが，伊藤論文の趣旨だった。
　ここに総メディア社会を目前にしたマスメディアのアイデンティティ喪失が正確に指摘されていると言えるだろう。

権力＆国民 vs マスメディア

　世紀をまたぐ2000年前後のマスメディアを取り巻く状況は，世間のマスメディアを見る目はいよいよ厳しく，その不満・批判を公権力がうまくすくい上げ，メディア規制の口実に使おうとしても，肝心のメディアは，足並みをそろえて権力に対峙するよりも，逆に「内ゲバ」的な，他社の揚げ足取りに終始し，結果的に自らの首を絞めるようなことを行っている悲惨な状況だった。
　当時，話題になった報道被害としては，以下のようなものがある。

メディア・スクラム
　薬害エイズ事件（1996〜，関係者逮捕によって大きな社会問題に）
　神戸の連続児童殺傷事件（1997）
　和歌山・毒カレー事件（1998）
　高知・脳死臓器移植（1998）
人権侵害・名誉毀損
　松本サリン事件（1994）
　東電 OL 殺人事件（1997）

　マスメディアをとりまく状況は，いよいよ厳しくなっていく。公権力からのメディア規制の動きばかりでなく，情報の「受け手」たる国民の側からも，無責任な，あるいは行き過ぎた報道に対する不信，メディア憎悪の感情が高まってくる。しかも下からの批判は，メディアの「公共性」を確保するために，国のメディア政策に影響を与えるといった方向ではなく，むしろ逆に，公権力がそれらの不満をてこにメディア規制を強める方向に働いた。そして，両者から

挟撃されたメディアは，一致団結して圧力に対抗することができなかった。

これまでの権力 vs メディア＆国民，という図式から，権力＆国民 vs メディアという図式への変化が，マスメディアの足並みを乱したとも言えるだろう。そういう中で，以下のような話題が提起された。

① 記者クラブのあり方への疑問
② 再販制度への批判
③ 報道被害の糾弾
④ 揺らぐ新聞戸別配達制度
⑤ 個人情報保護法をめぐるメディアのあり方

こういった情勢を受けて，テレビでは日本放送協会（NHK）と日本民間放送連盟が1997年に「放送と人権等権利に関する委員会機構」（BRO）を設置，BRO のもとに，第三者の有識者で構成される「放送と人権等権利に関する委員会」（BRC）が置かれた。その後，機能強化のための組織改変が行われ，「放送倫理・番組向上機構（BPO＝Broadcasting Ethics & Program Improvement Organization）」が設置された（郵政省に設置された「多チャンネル時代における視聴者と放送に関する懇談会」が，1996年12月に出した報告書の中で，「視聴者の苦情に対応するための第三者機関を設けるべき」との意見が盛り込まれたことを受けたもの）。

新聞社においても2000年以降，「『開かれた新聞』委員会」（毎日新聞），「報道と人権委員会」（朝日新聞），「『報道と紙面を考える』懇親会」（讀賣新聞）など，外部からも委員を加えた紙面評価システムが動き出している。

ネット vs マスメディア

ネットでの情報発信がさかんになるにつれて，マスメディアを批判，あるいは攻撃する言論がネットをにぎわすようになる。既存メディアの側からはネットの無責任な書き込みへの批判も強く，ネッ

トvsマスメディアという新たな図式も誕生した。

1999年には，民放のテレビ番組で，ニュースキャスターがインターネットの書き込みに関して「かなり恣意的で，トイレの落書きに近いとの酷評もあります」との発言をしてネットで非難の声が高まり，朝日新聞と2ちゃんねるの応酬もよく話題になった。

2008年6月の秋葉原大量殺傷事件では，マスメディアの取材以上に，近くに居合わせた通行人がケータイやデジタルカメラで撮影した写真や画像がインターネット上にあふれた。11月3日現在，ユーチューブで「秋葉原事件」を検索すると，200件以上の投稿があった。

事件当日のテレビの報道番組を録画してアップしたもの，事件現場をまさにリアルタイムで撮影した映像，プロの記者の報道ぶりや笑いながらカメラをかざす通行人の顔を映しながら，その姿勢を批判するもの，事件の背景には「残酷な派遣労働」があったと告発する記者会見の実況，葬儀の様子などなど，それこそさまざまな映像が見られる。しかも，それらの映像を見た人のコメントも寄せられ，多いものではそれが200以上もある。

パーソナルメディアの跋扈という趣があるが，こういった「一億総レポーター」的状況をどう考えるべきなのか，という総メディア社会におけるジャーナリズムの新たなテーマも浮上している。

「表現の自由」論の変遷

マスメディア時代から総メディア時代へ。そういう社会の流れを受けて，「表現の自由」論にも変遷が見られる。

初期においては，「表現の自由」はもっぱら報道機関の自由と解された。報道機関が国民の「知る権利」を受けて，権力に対して「表現の自由」を行使すると説明され，そう理解されてもきた。そこでは「表現の自由」は「報道の自由」，「報道機関の自由」だった。

すべての人が「表現の自由」を行使する具体的手段を得たとき，「表現の自由」をめぐる理論もまた変遷を余儀なくされることにな

る。

■長谷部恭男の「表現の自由」論■

　すでに1990年代に，憲法学の東大法学部教授，長谷部恭男は，マスメディアの「報道の自由」は，送り手の「表現の自由」からは導き出せず，民主的政治過程の維持と受け手の「知る権利」という「社会全体の受け手の利益」からのみ導き出せるとして，以下のように述べた[16]。

> 「マスメディアに結集する個人の送り手としての自由をもって，マスメディアの表現の自由を基礎づけることは難しい。個人の送り手としての自由は，マスメディアの外で個人として表現行為を行うことで十分達成される」，「選ばれた少数の人々にとっては，マスメディアの表現の自由は自己実現の機会を意味するかも知れない。しかし，マスメディアに属さず，それにアクセスすることもできない大多数の人々にとって，この表現の自由はむしろ自由な自己発展を阻害する巨大な社会的権力として立ち現れかねない。個人の語り手としての自律性を根拠にマスメディアの表現の自由を認める考え方は，したがって，自律的な個人の根源的な平等性という理念に背馳する疑いさえある」。

　さらに，マスメディアが個人の自律を根拠とする個人の人権を侵害し得ないことも当然だとして，「個人が自律的な生を送るためには，他者から干渉されず，また監視や論評を受けることもない私的な領域が確保されなければならない。人のプライヴァシーを知る権利はいかなる受け手にもない。したがって，人のプライヴァシーを公開するマスメディアの自由もありえないはずである」と強調している。

　新聞などのメディアに一括して「表現の自由」の主体を認める従来の考えと「マスメディアの表現の自由は，社会全体の利益を根拠

---

16)　長谷部恭男『テレビの憲法理論』，同『憲法学のフロンティア』

として保障されたもの」で，社会的利益実現のためには制約される場合があるとする考えとの間には大きな開きがある。これは，まさに「表現の自由」の担い手が組織から個人へと重心を移し，マスメディアの地位が相対的に低下した時代を反映したものと言えるだろう。「表現の自由」論は大きく転換したわけである。

■「表現の自由」原理論の再構築■

憲法学者，奥平康弘は20年以上前に，「なぜ『表現の自由』は特別なのか」[17]という争点を「表現の自由の原理論」と呼び，アメリカではこの原理論が盛んなのに，なぜ日本では「不毛または不活発」なのかを問い，その理由として以下の2点を上げている。

①「表現の自由」は——他の諸権利・自由と比較して——特別に保護されるべきだという要請が，日本では十分には支持されていない。

②「表現の自由」が戦後，日本国憲法によって突如保障されたために，人々の関心は，この法概念を実践上どう用いるか（保障範域をはっきりさせる，how much の議論）に置かれ，「表現の自由」は所与のものとされ，なぜ保障されるかという根拠を問う作業（why の議論）が疎かになった。その状態が今も続いている。

彼は，「why を問題にするためには，一種の衝撃が必要である」と述べ，「表現の自由」原理論へと筆を進めているわけだが，現在の総メディア社会の出現こそ，世界同時に起こっている「衝撃」であり，いささか大げさに言えば，その衝撃をどう受け止め，「表現の自由」原理論をどう再構築するかが，いま問われていると言えるだろう。

現在における「表現の自由」

しかし，現在において「表現の自由」をめぐる議論が活発化して

---

17) 奥平康弘『なぜ「表現の自由」か』（第1章「なぜ『表現の自由』か」）

いるかというと，そうではない。むしろ，「表現の自由」という言葉は影が薄くなっている。日本をはじめとする先進諸国においては，人びとの「表現の自由」を取り締まる具体的法律があるわけでもないし，総メディア社会になって，むしろ「表現の自由」が万人に保障されたと言えなくもない事情もある。

　それでは，もはや「表現の自由」をことさらに取り上げる必要はないのかと言えば，決してそうではない。繁華街や商店街に次々と設置されている監視カメラや高速道路上のETC（自動料金収受システム），さらにはICタグなどの道具は，「テレスクリーン」のようなむき出しの監視装置ではないが，やはり私たちの行動を追跡し，個人情報を収集する仕組みでもある。しかも，それらの装置を人びとは半ば望んで導入している。私たちは個人情報やプライバシーを提供することで生活の便益を買っているわけである。

　ここに現代における権利をめぐる問題の複雑さがある。「表現の自由」もまた同じような状況に置かれていると言えるだろう。

第Ⅴ部

情報通信法
の
構想

◆

　現在は，通信と放送の融合を軸にメディア全体が再編されつつある姿としてとらえることができる。通信がメディアの主流になったとも言えるだろう。いま進んでいる，従来の通信・放送の法体系を抜本的に見直そうという動きは，私たちが激動の時代を生きていること，また一人ひとりの今後の決断が大事なことを示している。

◆

19
情報通信法とは

古典的には通信と放送は以下のように区別されていた。
〈通信〉主として有線を使う。1対1の情報伝達である。関係者は内容には関与せず、「通信の秘密」を守らなくてはならない。
〈放送〉主として電波（無線）を使う。不特定多数に向けた情報伝達である。関係者は内容に関して「表現の自由」を守らなくてはならない。

メディア・メッセージ・伝達手段

古くから無線通信はあったから、これは便宜的な分類だが、通信と放送にはやはり一定の区別が存在したと言える。ところが衛星放送やケーブルテレビの出現に加えて、インターネットが登場するに及んで、この通信と放送の境界が消失しつつある。

たとえばウエブやブログは、通信なのか放送なのか。そこでは、「通信の秘密」が問題となるのか、あるいは「表現の自由」が問われるのか。情報のデジタル化（電子化）によってメッセージとその媒体であるメディアが分離すると同時に、メディアとしての伝達手段（伝送路）が融合し始めている。

ここでメッセージ、メディア、伝達手段といった用語の整理をしておこう。

メッセージは情報の中身、内容。コンテンツと表現することもある。文字、図版、絵、写真、音声、動画（映像）などで表現される。

メディアはメッセージを運ぶ媒体。種類としては紙、無線（電波）、有線がある。パッケージとしては新聞、書籍、雑誌、レコード、CD、DVDなど。メディア産業としては新聞社、出版社、放送局、通信会社などがある。私たちがメディアを意識するのはたいてい端末で、これにはテレビ受信機、電話受発信機、パソコン、

ケータイ，ゲーム機など。

　これからの記述に伝達手段，伝送路という言葉が出てくる。情報を伝達する手段で，物流も含まれるが，一般には無線や有線の伝送インフラを指す。これはメッセージとメディアの二分法で考えれば，メディアの一つと言っていい。

　以下，「メッセージ（コンテンツ）」，「メディア（伝達手段）」といった表現を用いる。情報のデジタル化（電子化），通信と放送の融合は，このメッセージとメディアの固定した関係を完全に解体してしまったと言える[1]。

メディアの「縦割り」から「横割り」へ

　総務省の「通信・放送の総合的な法体系に関する研究会」（座長・堀部政男一橋大学名誉教授）は，2007年12月に報告書を公表した。半年ほど前の「中間取りまとめ」後に，パブリックコメントとして関係者や一般からの意見を求めて，最終的にまとめたものである[2]。

　報告書は現在を「ユビキタスネット社会」と規定し，そこでは通信と放送が融合しているとの認識を示している。「ユビキタス社会」とは生活の隅々までコンピュータが浸透している社会のことである[3]。「ユビキタスネット社会」は，メディアに焦点を当てれば，

　1）　メディアとメッセージに関しては，「メディアはメッセージである」というマクルーハンの有名な言葉がある。これは，メディアの内容（メッセージ）よりも，その形式（メディア）の方が人びとにより大きな影響を与える（メッセージを送る）というマクルーハンの考えを，彼一流の警句として表現したものである。これまで人間は身体および精神の拡張として数々のメディアを生み出してきたが，そのメディアによって人びとの心理や社会システムも大きく変わってきたというのが主張の骨子で，「すべてのメディアにたいする従来の反応は，すなわち重要なのは用い方だという反応であるが，それは麻痺を起こした技術馬鹿の陶酔状態である」，「ラジオの影響はラジオの番組編成とはまったく関係がない」などと言っている（マーシャル・マクルーハン『メディア論　人間の拡張の諸相』栗原裕・河本仲聖訳，みすず書房，原著は1964年刊行，引用箇所は p. 18，317）。

　2）　総務省「通信・放送の総合的な法体系に関する研究会報告書」（2007年12月6日）http://www.soumu.go.jp/s-news/2007/pdf/071206_2_bs2.pdf

「総メディア社会」でもある。
　報告書骨子の第 1 は，以下の通りである。

　従来は通信にしろ，放送にしろ，サービスとネットワークが 1 対 1 で対応し，ビジネスモデルやサービスの利用形態もそのメディア内で完結していた。テレビはテレビ，通信は通信というふうに，メディアを超えた展開がほとんどない「縦割り型」の構造である。ところが，情報通信インフラの構築やインターネットの発達で，メッセージを運ぶメディア（伝送路）の融合が進展し，いまや 1 つのネットワークで通信・放送の両サービスが提供されるようになっている。したがって，今後は，コンテンツ層（メッセージ層のこと），伝送インフラ層（メディア層のこと），プラットホーム層という 3 つの層（レイヤー）による「横割り型」構造へと徐々に転換していく。
　そのためには，次のような制度構築が必要である。
　①さまざまなコンテンツは融合したネットワークを自由に流通する，②伝送インフラはメッセージを伝達することに専念する，③コンテンツ層と伝送インフラ層の中間に「専用の伝送設備を持たずに情報流通の仲介機能に専門化してそれにより付加価値を得るプラットホームサービス」が介在する。
　だから，メディアをこれまでのように「縦割り」ではなく，「横割り」で見ていかなくてはならない。そのために，これまでの放送，通信といった縦割り型法体系を抜本的に組み替え，より包括的な情報通信法（仮）を構想すべきである。

　簡単に言えば，このような提案である。
　地上波テレビ局が番組を制作し，それを編成しつつ，自前の無線局で各家庭に番組を配信するような縦割り構造が，CS 放送の登場によって，番組制作は委託放送事業者，伝達手段は受託放送事業者と横割り型に変わりつつあることは，テレビのところで説明した。

　3）「ユビキタス」という考え方については，『サイバーリテラシー概論』(p.145) 参照。

報告書は，こういった動きを受けて，抜本的法改正を促していると言えるだろう。

プラットホームの役割

　委託放送事業者と受託放送事業者の間に「プラットホーム」が置かれたことも，すでに見てきた。メディア企業が縦割り型で構成されていたときは，メッセージもメディアも一企業内で取り扱われていたが，メッセージ制作とその伝達手段が分離されると，ばらばらなメッセージを，通信と放送の融合したネットワーク（伝達手段）を利用して，各ユーザーに届ける仲介者が必要になる。これがプラットホームである。従来のテレビ会社の編成局が独立し，配信業務や集金業務もやるようなものである。

　報告書では，情報通信ネットワークは，通信，放送という単一のサービスインフラから，「コンテンツ配信・商取引・公的サービス提供基盤」へと機能を拡大しつつあり，それを可能にしているのがプラットホームであるとしている。その位置づけは，「物理的な電気通信設備と連携して多数の事業者間又は事業者と多数のユーザー間を仲介し，コンテンツ配信，電子商取引，公的サービス提供その他の情報の流通の円滑化及び安全性・利便性の向上を実現するサービス」である。

　コンテンツの編成を行い，ユーザーに各種情報を提供しつつ，電子商取引上の管理なども行う。報告書では「ネットワーク上の認証・課金・決済サービス，ポータルサービス，サイバーモール，検索サービス，OSその他のネットワークと連携する端末上のソフトウエア機能，さらにはこれらを複合的に提供するサービス」などを具体的に上げている。

新たな情報流通のボトルネック

　情報の編集・配信というメディアの根幹部分をプラットホームが担うわけで，現在のプロバイダーが機能を拡張した感じでもある。いろんなところからコンテンツを集めて，それをさまざまに編集，番組表もつくる。それをネットワーク・インフラに乗せて，ユーザーに提供，同時に番組視聴料などの集金業務も行う。
　だから，プラットホームは，これからの情報流通のボトルネックに位置する。プロバイダーのところで，プロバイダーはパブリッシャーなのか，デストリビューターなのか，あるいはコモンキャリアなのか，といった話をし，プロバイダーは「通信の秘密」を守る立場と，「表現の自由」を守る立場の間で揺れ動いているとも述べた。今後は，プラットホームが同じような立ち場を担うことになるだろう。従来のプロバイダーとプラットホームの兼ね合いも大いに議論になるだろうし，同時に，メディア産業地図そのものが大きく変化するだろう。
　なお報告書では，プラットホーム層を「他のレイヤーから独立した規制として立法化する必要は大きくはない」と述べている。法的にはともかく，プラットホームをめぐる現実の動きは，それがメディアの中核を担うだけに，かなり激しくなると予想される。

コンテンツに関する四つの基本類型

　通信と放送の融合は，コンテンツ（メッセージ）のあり方も大きく変える。これが報告書骨子の第2である。メディアのあり方からみると，こちらの方が影響は大きいとも言える。

　情報通信ネットワークを流通するコンテンツを，まず「公然性を有するもの」と「公然性を有しないもの」に二分する。前者を「特

別な社会的影響力を有するもの」と，そうでないものにさらに二分し，特別な社会的影響力を有するものを「メディアサービス」と仮称する。

「メディアサービス」は現行の放送や今後登場すると予想される放送に類比可能なコンテンツ配信サービスである。これをさらに，影響力の程度にもとづいて「特別メディアサービス」と「一般メディアサービス」に分ける。これに対して，特別な社会的影響力を有しないものを「オープンメディアコンテンツ」と仮称する。一方，公然性を有しないものとは，私信など特定人間の通信，いわゆる従来の通信である。

報告書は要するに，コンテンツ層を四つに大別している。
① 特別メディアサービス
② 一般メディアサービス
③ オープンメディアコンテンツ
④ 従来の通信

従来の放送的なものから通信的なものへ，上から段階的に並べたものと言っていい。通信が放送を呑み込みつつある，と見ることもできよう。「特別メディアサービス」には従来の地上波テレビ放送を，「一般メディアサービス」にはCS放送やインターネットを利用したコンテンツ配信などが想定されている。「オープンメディアコンテンツ」はウェブやブログなど，「不特定の者によって受信されることを目的とする電気通信の送信」である。

そして「特別メディアサービス」には，社会的影響力と特別な公共的役割から，現在の地上波テレビに対する規律を原則維持，「一般メディアサービス」には，原則として現行の放送規制を緩和，「オープンメディアコンテンツ」に関しては，むしろ違法な情報やいわゆる有害な情報（公序良俗に反するもの，青少年にとって有害なもの）への規制を検討すべきであるとしている。

この類型のもとに報告書は，従来の法体系との対比で，公然性を有するコンテンツには「表現の自由」を保障し，公然性を有しないコンテンツには「通信の秘密」を保障するとしている。

これらのコンテンツが，共通の「情報通信ネットワーク」を通じて流通する。これが従来の通信と放送が融合した新しいインフラである。通信，放送という単一のサービスインフラから，「コンテンツ配信・商取引・公的サービス提供基盤」へと機能を拡大しつつあるのを受けて，従来，放送と通信に別個に適用されてきた「表現の自由」および「通信の秘密」の適用範囲を新たに切り分けようとしているが，「オープンメディアコンテンツ」に関しては，「違法情報」，「有害情報」への対策が前面に出ており，これは「表現の自由」のむしろ制約をめざしていると言える。

　構想の説明の仕方は，私たちが慣れ親しんだ通信と放送という言葉を使っていないところが，まずわかりにくいが，さらに最初の二分法が「公然性を有するもの」，「公然性を有しないもの」という抽象的な概念によっている。この辺は，今後大いに検討されるべきだろう。

「公然性」と「社会的影響力」

　カギとなる言葉は，「公然性」と「社会的影響力」である。
　「公然性を有する通信」については，通信のところでふれた。従来の通信は1対1が普通で，1対多の場合でも当該者以外は中身を見ないのが原則だった。それを法的に保障したのが「通信の秘密」である。ところがインターネットは通信でありながら，そのコンテンツは多くの人に公開され，通信と言うよりも放送に近い性格を持っている。この放送的性格をもった通信を堀部政男一橋大学名誉教授が「公然性を有する通信」と呼び，今回の報告書を作成した研究会座長も堀部教授だからだろう，ここでも「公然性」の有無が大きなポイントになっている。
　問題は，特別メディアサービス，一般メディアサービス，オープンメディアコンテンツと三分されたコンテンツへの規制の仕方である。
　従来の放送事業には，番組というコンテンツを提供する「メッ

セージ」面と，放送局やテレビ塔を管理・運営するという「メディア」面の二つがあった。そして希少な電波の独占的割り当てを受けるという「メディア」面の制約と，放送の社会的影響力の大きさから，放送には「番組編成準則」のようなメッセージ規制が課せられてきた。ところが電波の希少性は，電波の利用技術の発達やブロードバンド化などによってほとんど解消されているし，「メッセージ」と「メディア」も分離される。

そこで，メッセージ規制として中心に据えられたのが「社会的影響力」である。報告書では，「特別な社会的影響力」を，「現在の放送が，直接かつ瞬時に，全国の不特定多数の視聴者に対し同報的に情報発信するメディアであることから有する，他の情報通信メディアと比較しても強い社会的影響力」と説明した上で，その程度の判断指標として，①映像／音声／データといったコンテンツの種別，②画面の精細度といった当該サービスの品質，③端末によるアクセスの容易性，④視聴者数，⑤有料・無料の区別，を上げ，さらに「市場の寡占性及び当該市場における物理的なボトルネック性の有無及びその程度」などを上げている。

公然性を有する通信と「表現の自由」

公然性を有する通信という考え方について，提案当初から批判があったことはすでにふれた[4]。たしかに，現在のインターネット上には違法情報や青少年にとって有害な情報があふれている。ここには「表現の自由」の行使にともなう責任とかマナーといった考えはきわめて希薄であり，今後のメディア環境を考えたとき，改善されるべき多くの問題があることは間違いない。

しかし，「表現の自由」で大事なのは，権力による侵害を防ぐことである。何が違法であるかは比較的はっきりしているが，何が有害なのかは，きわめてあいまいである。青少年にとって有害だから

---

4) 本書 (p.123) 参照。

といって成人にまで有害だとは限らない。ミルの「他者危害 (harm to others) の原則」は，他人に危害を与えさえしなければ何をしようとその人の自由であり，権力はこれを妨げるべきではない，ということだった[5]。

インターネット上にあふれる違法，ないしは有害な情報をなるべく排除して行くことは重要だが，新しい法体系が築き上げられる過程で，この「表現の自由」が狭められることがないように警戒しなくてはいけない。

---

5) 蛇足だが，これを未成年者にまで適用しようとするのは，もちろん間違いである。未成年者はまだ一人前ではなく，したがって，保護者たる親や教師，さらには社会が干渉する余地がある。だから未成年者がポルノを見たり，タバコをすったり，お酒を飲むことは，そのこと自体が直接的に他人に危害を与えないとしても，親がしつけとして禁じたり，社会が法によって禁じることが許される。

20
情報通信法の
はらむ問題

　「通信・放送の総合的な法体系に関する研究会」は2006年8月に第1回会合を開き，翌2007年6月に「中間取りまとめ」を発表，パブリックコメントを求めると同時に，関係事業者や団体からもヒアリングを行って，同年12月に最終報告をまとめている。

　堀部座長の整理によれば，中間とりまとめと最終報告書の相違点は以下の通りである。

　〈本文は2倍くらいに増え，①情報通信に包括的に適用されるような利用者保護規定の整備の必要性を追記した。②情報通信ネットワークを用いた「表現の自由」を保障すべきことを明記した。③違法な情報について行政機関が直接関与しない形での対応を促進する枠組みを整備する必要性を追記した。④現時点でプラットホーム・レイヤーを他のレイヤーから独立した規制として立法化する必要性は大きくはない旨を追記した〉。

　大事なのは，「表現の自由」の保障を明記したという②である。この部分を中心に，情報通信法のはらむ問題点について整理しておこう。

マスメディアの反応

　報告書に対するパブリックコメントでは，事業者・団体から54件，個人から222件の意見が寄せられ，公開ヒアリングでは日本経済団体連合会と日本新聞協会が意見を述べた。現在の縦割り型メディア規制を横割り型に組み替える法体系転換に関しては，通信事業者は賛成，放送関係者などメディア関係者は反対，と立場が大きく分かれたようだ。

　前者を新興IT企業，後者をマスメディアの代表と考えると，この図式はよくわかるだろう。勃興するIT企業群が自らに適応する，

なるべく自由な法体系を望み，マスメディアは既得権益を守るべく防戦しているようにも見える。しかし，これから本格化する総メディア社会のあり方を考えるとき，ことはそう簡単ではない。

報告書は「法体系の見直しの検討に当たっては，このような情報通信ネットワークを介してあらゆる経済社会活動が安心，安全に行える社会，すなわちユビキタスネット社会の到来を見据え，基本理念を明確化する中で制度のあるべき姿を抜本的に洗い直し，これに適した法体系に再構成する視点が求められる」と述べ，基本理念として実現すべき目的として，①情報の自由な流通，②情報通信技術のあまねく享受，すなわちユニバーサルサービスの保障，③情報通信ネットワークの安全性・信頼性の確保，を上げている。

全体のトーンが，快適で安全な情報生活，商取引の円滑な運営に置かれているのは明らかである。それはそれで大事なことだが，その情報洪水の中で，従来のメディア産業がある程度担ってきた「表現の自由を享有するジャーナリズム活動」が後景に押しやられている。インターネットを「表現のメディア」としてよりも「ビジネスのツール」として意識しているとも言えよう。報告書も，たしかに文字面としては「表現の自由」の重要性を説いているが，どこか添え物的で，それが既存マスメディアに危機感を抱かせている。

たとえば，日本民間放送連盟（民放連）の中間取りまとめに対する意見を以下に紹介しよう[6]。

①「言論表現の自由」，「通信の秘密」といった憲法上の「国民の権利」と，情報の流通促進による「産業振興」の双方を重視した複合的な制度整備が求められるが，前者の「国民の権利」は民主主義社会の基本原理として，その保障が大前提となり，後者の「産業振興」は技術革新や経済環境の動向によって変化する。このことを十分に踏まえた上で，国民にとって望ましい情報環境はどうあるべきかについて，考察を深めるべきである。

②通信・放送法制の再設計を検討するにあたり，両者の「融合」

---

6) http://nab.or.jp/index.php?What%27s%20New

に過度に傾斜することがあってはならない。現行放送法の理念を継承し，放送法の骨格を成す「民放・NHKによる二元体制」を含め，放送が果たす文化的役割やジャーナリズム機能を基本理念として位置づけるべきである。

　③レイヤー型法体系への転換は，その必然性や効用が十分に説明されているとは言い難い。「基幹放送」たる地上放送は，電波法（伝送インフラ規律）に基づく施設免許として放送免許を付与され，番組の内容は放送法の規律（自主自律によるコンテンツ規律）を受けるという二層構造をとっている。この構造のもとで，番組内容に対する行政の直接的な関与を防ぐとともに，視聴者まで最終的に番組を届ける手段を放送事業者自らが保有することによって，"放送による表現の自由"を制度的に保障してきた経緯がある。

　④「通信」コンテンツに対する規律の導入については，インターネット上の表現活動の制約につながる懸念を払拭できない。伝送路資源に有限希少性がないインターネットに対しては，原則として規律・規制をかけるべきではない。電磁的ネットワークの情報に対し社会的影響力のみを根拠としてコンテンツ規律をかけることは，社会的影響力を持つ新聞・雑誌など印刷メディアの情報に規律がかからないことと整合性がとれない。

　⑤そもそもメディアの社会的影響力は当該事業者の自助努力に負うところが大きく，発信力を強めるほど厳しいコンテンツ規律がかかれば，事業者の自由旺盛な活動を妨げるおそれがある。中間取りまとめからは，メディアサービスや公然通信の社会的影響力を行政が判断して事業者を類型化することが想定されるが，行政判断が曖昧であったり恣意的であったりすると，「表現の自由」など国民の諸権利を不当に侵害または制約するおそれがある。

　この主張自体は，納得できる部分が多い。①で述べられているのは，まさに精神的自由権は経済的自由権に優るべきであるという「二重の基準」論の確認である。

　しかし，問題の所在は以下の点にある。
　第1に，既存のメディア地図はすでに大きく塗り変わっており，

メディア産業の縦割りから横割りへの転換自体は時代の趨勢だ，ということである[7]。第15章で電子メディアの特徴に言及したときも，今後のメディア地図は横割りで考えざるを得ないことを示唆してきた。

　第2に，巨大なビジネス・サイトで提供される情報は，何よりも顧客が喜ぶ，おもしろくて役に立つ実用情報やエンターテイメントで，そこでは情報のジャーナリズム性は薄れ，記事と広告は分かちがたく結ばれている，ということだ。

　このような現下のメディア環境をどう考えるか，というより根本的な問題が提起されている，と認識すべきだろう。言い方を変えれば，既存マスメディアが果たしてきたジャーナリズム機能を総メディア社会にどのように組み込んでいけるかが，これからの課題である。

　すでに見てきたように，メディア産業の縦割り構造が一部で崩れ，また一部で動脈硬化を起こしているのも明らかである[8]。過去に戻ろうとするのではなく，古くからの権利を新しく再構築していくこ

　7）　メディア産業規制を，縦割りではなく横割りで考えるべきであるとの先駆的主張として，林紘一郎「包括的メディア産業法の構想—垂直規制から水平規制へ—」（『メディア・コミュニケーション』2000．3）がある。彼は，メディアをこれまでのようにタテ割りで考えていたのでは，多メディア化の現状を把握できないとの考えからスタートし，各メディアをヨコ割りにして，メッセージ，メディア，通行権という三層に分割した。その上で，各層の水平的「メディア規制法」は何なのかを考察している（通行権は，伝達手段に相当する）。
　また各メディアに共通する規制事項として，①検閲の禁止，②守秘義務，③顧客情報に関する守秘義務，など7項目を上げている。この構想は後に「情報基本権」へと発展した（林紘一郎『情報メディア法』東京大学出版会，2005年）。
　8）　フジテレビ系列で人気のあった生活情報番組「あるある大事典Ⅱ」の2007年1月7日放送分で，実験結果をすり替えたり，アメリカの大学教授の発言として，言ってもいない内容をテロップで流したりしていたことがわかり，大きな社会問題になったが，同番組は関西テレビ制作で，実際には下請けの下請けのプロダクションが制作していた。
　放送会社が放映番組を外部プロダクションに発注することは早くから行われ，現在，民放の番組で何らかの形で外部プロダクションが関係していない例はほとんどないと言われている。放送会社と外部プロダクションの力関係を反映して，プロダクションの人件費は安く抑えられがちだが，外部によって制作することが番組の質や放送局の責任感の希薄さとなって表れている。すでに放送界でメディアとメッセージは分離され，従来の放送システムそのものが解体しつつあるとも言える。

とが問われている[9]。

「表現の自由」の去就

　情報通信法は，2011年の成立をめざして，総務省の情報通信審議会「通信・放送の総合的な法体系に関する検討委員会」（主査，長谷部恭男・東京大学法学部教授）で検討されている。検討委員会は2008年6月には中間論点整理を行い，ここでもパブリックコメントを受けつけた。研究会報告書の考えがどの程度，法案に盛り込まれるかどうかは今後の経過次第だが，いずれにしろ総メディア社会の青写真が決まる重要な法律になるだろう。

　激変するメディア状況に対応するのに際し，従来法制のつぎはぎで事態を繕おうとするのではなく，縦割りから横割りへと法体系全体を抜本的に改革しようとする研究会報告の姿勢自体は，積極的に評価できる。明確な理念を打ちたて，それにふさわしい抜本改正を行うことはもはや不可欠でもある。

　ただ，研究会報告の姿勢として気になるのは，情報を実用重視，効率本位で取り扱おうとしている（先の表現を使えば，インターネットを「表現のメディア」というよりも「ビジネスのツール」として考えがちな）ことである。たしかに最終報告書では「表現の自由」の保障が追記されたが，衣の裾から鎧がのぞくではないが，中間取りまとめではこの部分が手薄だったこと自体が，関係者の重点の置き所を示しているとも言えよう。

　報告書では，情報通信ネットワークは，通信，放送という単一のサービスインフラから「コンテンツ配信・商取引・公的サービス提供基盤」へと機能を拡大したと述べており，それはそれでその通りだが，報告書が描く未来の青写真からは，「表現の自由」を担う主

　9）　サイバーリテラシーでは，このような作業を「現実世界の復権」と呼んでいる。私の好きな言葉で言えば，「古人の跡を追わず，古人の求めしところを求める」ということである。

体の姿は見えてこない。IT 企業の関心はおそらくそこにはない。既存マスメディアはむしろ弱体化しそうである。そして，パーソナルメディアを担う個人一人ひとりにそれを求めるのはたいへん難しい。

　歴史的に見れば，「表現の自由」獲得には，欧米を中心として，それを担おうとした報道機関など多くの人びとの努力があったわけで，新法制策定の過程でそれが骨抜きにされることは避けるべきだろう。

　過去にこういうことがあった。

　CS 放送登場にともなう放送法改正で，番組を提供する委託放送事業者は，無線局の免許を与えられる受託放送事業者と分離されながら，郵政大臣（現総務大臣）の認定が必要となった。従来，放送内容に行政が介入することは，少なくとも法制上はなかったが，ここに放送行政が大きく介在するようになった。だからこの法改正をめぐっては，当時，規制緩和策の一環のように見えて，実はかえって国民の「表現の自由」を狭めかねず，憲法違反だと指摘する声も上がったのである。

　CS 放送と有線テレビの設備利用などの規制緩和を目的に，2002 年から施行された電気通信役務利用放送法に関して総務省が出した「通信と放送の区分に関するガイドライン」をめぐっては，放送の範囲をできるだけ広げてブロードバンド通信を規制する足がかりをつくりたい総務省と，そうはさせたくない経済産業省との間で水面下の駆け引きがあったと言われている。こういった重要な判断が，官僚のさじ加減で決められる「ガイドライン」に委ねられている。

　『公益法人』（岩波新書）の著者でもあるジャーナリスト，北沢栄は，官僚が法案をつくる手法を，①わざと粗く書き上げ，②ディテールは政令もしくは省令，③さらに細部は通達で補う，のだと言っている。政令，省令，通達と段階が低くなるにつれて，官僚の裁量部分が増えるからである。法律は小さく生んで大きく育てる，すなわち「苦労なく（法律を）生んで，大きく（権限を）育てる」わけである。

　メディア地図全般を規制する抜本的な法体系改革にあたり，「表

現の自由」をきちんと位置づけることは非常に重要である。

個人情報保護法成立にいたる経緯

　日本における新法成立過程に関して危惧することがもう一つある。
　報告書には法体系全体を抜本的に改革しようとする広い視野があるが，その構図が今後の検討委員会の審議を経て矮小化される恐れがある。
　住民基本台帳改正法が成立した直後の1999年11月に，政府の高度情報通信社会推進本部個人情報保護検討部会（これも堀部政男座長）が，「我が国における個人情報保護システムの確立について（中間報告）」という文書をまとめた。
　中間報告では，我が国の個人情報保護システムは，①官民を通じた基本原則（個人情報保護基本法）の確立を図る，②国の行政機関の保有する個人情報や医療，金融など保護の必要性が高い分野に関しては個別法を整備する，③民間の業界や事業者などの自主規制を促進する，といったいくつかの方策を組み合わせて全体として最適なシステムを構築することをめざす，と個人情報保護法のグランドデザインを提示したうえで，「個人情報保護システムの中核となる基本法の制定を急ぐべきである」と提言していた。
　これを受けて，政府の個人情報保護法制化専門委員会（薗部逸夫委員長）が検討を重ね，翌2000年10月に「個人情報保護基本法に関する大綱」を定めたが，この大綱には中間報告の意向はあまり反映されていなかった。基本法部分と個別法部分をごちゃまぜにして，もっぱら民間の個人情報取り扱いを対象とするものに変わったのである。審議が検討部会から専門委員会に変わるころ，政府内に個人情報保護担当室ができ，官僚が主導権を握るようになって，事態は大きく変わったというのが通説である。
　この個人情報保護法成立の経緯を思い出しておく必要があるだろう。

新しい酒を新しい皮袋に

　新しい酒を新しい皮袋に入れることが大切である。同時に，たらいの水といっしょに赤子を流してしまっては，元も子もない。

　アメリカ通信品位法と最高裁違憲判決●　1996年にアメリカで，業界再編をめざす電気通信法とセットで提案され，議会を通過した通信品位法（Communications Decency Act of 1996, CDA）が，最高裁で違憲と判断された。

　通信品位法は，インターネットで主に未成年者に有害な情報が渡らないための規制を盛り込んでいたが，最高裁判決は，新しいメディアにおいても「表現の自由」を守る姿勢を明確に打ち出した。最後に「思想の自由市場理論」にもふれ，「ブタを焼くために家を燃やす」（burn the house to roast the pig）という表現を使いながら，何が有害な情報で何がそうでないかも，個人の責任で判断するのが原則である，その判断をくだすためにも，あらゆる情報に開かれていることが大切だと強調した。

　この経緯は，いくつかの点で示唆に富んでいる。

　まず通信品位法は，通信業界再編をめざす電気通信法の一部として提案されたという歴史的経緯である。業界再編をめざす法整備に「表現の自由」制限に結びつきかねない法案が組み込まれていたところが示唆的である。激動を前にして改革に急だと，「表現の自由」のような基本的権利は，ともすれば軽視されがちになるということを肝に銘じておくべきだろう。

　もう一つは，通信品位法に反対する組織的な運動が展開されたことである。法案が議会を通過した直後から，これらの規制はインターネットにおける「表現の自由」を侵害するとして激しい批判が起こり，アメリカ自由人権協会（ACLU）などの団体が執行指し止めを求めるとともに，通信品位法は違憲であるとの訴訟を起こした。世界中で多くのウエブページが背景の色を真っ黒にして「表現の自

由の死を悼む」意思表示をしたり，提訴団体がインターネットを通じて数万人の賛同者を募ったりもした。その結果が裁判所での違憲判決だった。

そこには，国家権力だけが社会秩序の維持に任じているのではなく，社会はさまざまな制度から成る寄り合い世帯だとする多元主義が息づいていたと言えるが，日本における情報通信法をめぐる動きは，今後どのように展開するだろうか。

自由のためのテクノロジー●　1983年に書かれたメディア論の名著に，イシエル・デ・ソラ・プール『自由のためのテクノロジー』がある。印刷メディアが勝ち取ってきた「表現の自由」を，メディアの発達が狭めつつあるという危機感が，すでにこの時点で表明されている。

総メディア社会のあり方としても興味深い内容を一部紹介しよう。

「新しいコミュニケーション・テクノロジーは，古いコミュニケーション・テクノロジーのために勝ち取られた法的権利をすべて受け継いできたわけではない。有線，無線，衛星，コンピュータが通信の主要な手段となったときに，規制は技術的見地から必要であると考えられた。したがって，これらのエレクトロニック・メディアを通じた言論が増大するにつれて，規制を受けることなく市民が話すことができるという無制約の権利の5世紀にわたる発展が危機にさらされるおそれがある」，「合衆国におけるコミュニケーション関係法の第1の原則は，修正第1条によって自由が保障されているということであるが，実際は，アメリカは三分化されたコミュニケーション・システムを持っている。即ち，印刷，コモンキャリア，放送というこれら3つのコミュニケーションの領域では，法は別々に発展してきたのであり，それぞれ他の法分野との関係をあまり有していない」，「不思議なのは，印刷の領域で非常によくかつ厳格に守られてきた憲法の明確な意図が，エレクトロニクス革命の中ではどうしてこれほどないがしろにされてきたのかという点である。その答えは，1つには，建国の父

たちの時代から今日の世界へ至る過程で，主たる関心と歴史的状況が変化したということに求められる。しかし，少なくともそれと同じ程度に，連邦議会や裁判所が，新しいテクノロジーの性格を理解しなかったことにも原因がある」[10]。

　情報通信法の今後は，「表現の自由」を守ろうとするすべての人びとにとって，無関心ではいられないはずである。

　ジャーナリズムの制度的保障について●　　既存マスメディアには「表現の自由」の担い手として，社会的にいくつかの制度的保障が与えられてきた。それはマスメディアそのものが勝ち取ってきたとも言えるが，社会全体が「表現の自由」を尊重し，その担い手でもあったメディア企業に一定の役割を認めてきた証拠でもある。

　その最たるものが再販売価格維持制度だが，この制度や問題点についてはすでに述べた。放送法における「公共性」の保証も，それに含まれると言ってもいいだろう。こういったジャーナリズムを支える制度的保障[11]が既存マスメディアの既得権となっており，強い批判が出ていることは，折にふれて指摘してきた。改善すべき点は多いが，一方で，社会全体のジャーナリズム機能を支える新しい制度的保障もまた考えるべきだろう。

　総メディア社会ではすべての人が表現者であり，「表現の自由」の担い手である。しかし，だからこそと言うべきか，「表現の自由」の担い手としての意識も拡散して，結局，確たる担い手はどこにもいないという逆説的な状況も出現している。

　プールはこう言っている[12]。

---

　10)　プール『自由のためのテクノロジー』(p. 3, 4, 6)
　11)　新聞をめぐる法的・社会的特恵措置としては，以下のようなものがある。①商法特例法（新聞社の株式保有・譲渡を関係者に限定できる権限を付与）「日刊新聞を発行する株式会社の株式の保有にかかわる法律（外部資本によって容易に買収されるのを防ぐ）」，②所得税法（取材にかかった飲食費を含む支出を経費参入できる），③郵便法（第三者郵便で安価に出版物を郵送できる）。
　12)　プール前掲書，p. 15

21世紀の自由社会では，数世紀にもわたる闘いの末に印刷の分野で確立された自由という条件の下でエレクトロニック・コミュニケーションが行なわれるようになるのか，それとも，新しいテクノロジーにまつわる混乱の中で，この偉大な成果が失われることとなるのか，それを決定する責任はわれわれの双肩にかかっている。

　本書には，一裁判官の「制限は，それが最も微温的で，また最も反発を招かないような形態であれば，不快なものであるにすぎないだろうが，違法で違憲な運用の第一歩はそのようなやりかたで，すなわち，忍び足で，適法な形式の進め方からわずかずつ離れていくことにより踏み出されるものかもしれない」[13]という興味深い言葉も引用されている。

---

13)　前掲書（p. 110）

第VI部

未来のメディア
と
ジャーナリズムの試練

揺れる総メディア社会にあって，ジャーナリズムを追求することは容易ではない。前途に横たわるイバラの道を踏みしめつつ，未来のメディアとジャーナリズムの可能性を考える。

21
毎日新聞
コラム事件の衝撃

　2008年春から夏にかけての出来事である。毎日新聞英語版サイトのコラムをめぐって，ネット上で「低俗だ」，「海外に日本人を誤解させる」などと批判が起こり，ネットを通じて繰り広げられた抗議行動が当のサイトの閉鎖や毎日新聞本体の「おわび」へと発展した。ここに，マスメディアとパーソナルメディアが錯綜する総メディア社会が直面する大きな試練が横たわっていると言えるだろう。

低俗記事めぐり電凸作戦

　章末に関連資料を掲げておいたが，以下の事実関係は，これらの資料にもとづいている。
　毎日新聞社の英語版サイト「毎日デイリーニューズ」に「Wai-Wai」というコラムがあり，国内の週刊誌，夕刊紙，写真週刊誌などをネタ元にして，日本人のハレンチな，あるいはセックスがらみ，奇癖まがいの話題をおもしろおかしく翻訳提供していた。2001年4月から原則として毎日掲載されていたようである。
　このコラムに対しては，編集部や毎日新聞本体に国内外から「低俗である」とか「日本人を誤解させる内容である」とかいう抗議が来ていたが，無視されたままだった。しかし2008年4月にブログ「毎日新聞英語版は誰にハックされているのか」に「何の根拠もない記事を垂れ流す毎日新聞はおかしい」という批判記事が出て，ほどなく2ちゃんねる掲示板や，関連記事をまとめたウエブなどで毎日新聞への抗議行動が繰り広げられる事態になった。
　ネット上の抗議行動（「電話突撃作戦」，略して電凸などと呼ばれる）は「毎日新聞英語版を潰すため」に多くの人びとに「この事態を2ちゃんねるやブログを通じて日本国民に広く知らせる」，「毎日新聞社，毎日新聞のスポンサーに対し，メール・電話・質問状など

を通じて抗議する」，「他の新聞・雑誌に記事として取り上げてもらう」などを要請したもので，とくにスポンサーへの働きかけが大きな効果を上げたようだ。

　ジャーナリストで元毎日新聞記者の佐々木俊尚「毎日新聞社内で何が起きているか」によると，毎日のニュースサイト「毎日・jp」の広告は7月下旬から一時全面ストップしたほか，毎日に広告を出稿しているスポンサー企業や提携先，関連団体など，毎日社内の集計でも200社以上への働きかけが行われ，相当数のスポンサーが本紙への広告停止措置をとったと言う。

　その結果，毎日新聞は未曾有の混乱に見舞われ，6月25日朝刊本紙およびウエブにおわびを掲載，翌7月20日には「英文サイト出直します　経過を報告しおわびします」という記事を朝刊本紙およびウエブに掲載，あわせて同日紙面に2ページ見開きの特集「英文サイト問題検証」記事を掲載する事態に陥った。

「編集メディア」内の「無編集」メディア

　事件を毎日新聞の側から見てみる。
　マスメディアは，記事に幾重にもチェック機構が介在する「編集メディア」だった。記事は掲載までにデスク段階，整理段階などで幾重にも点検されるが，そのような紙の新聞では当たり前の機構が英語版サイトにはなく，記事はほとんど外国人のコラム担当者が書き，そのまま掲載されていた。
　だから検証記事では，ずさんな編集態勢や幹部の監督責任が問われ，社内処分も行われた。しかし，ここには現下のメディア全体が置かれたもっと本質的な問題が露呈しているというべきだろう。
　マスメディアと違って，「無編集メディア」であるブログなどでは，記事は本人の責任で書かれ，それを信じるかどうかは，読者の自己判断に任される。ここがマスメディアとパーソナルメディアの大きな違いとも言えるが，パーソナルメディア勃興の前に，マスメディアの従来の厳格な紙面づくりが内部的に緩みつつあるのが現実

である。とくにオンライン発信ならパーソナルメディア並みの信頼度でいいだろうという甘え（？）があったのは間違いない。

　これは「編集メディア」内の「無編集メディア」とも，「編集メディア」と「無編集メディア」の境界の喪失とも言える。

　2008年3月，ウエブでラーメン店を中傷する記事を書いたとして名誉毀損罪に問われた会社員に対して，東京地裁は「記載内容は真実とは言えないが，インターネットの個人利用者が求められる水準の調査は行っていた」として無罪を言い渡している[1]。マスメディアとパーソナルメディアでは記事の真実性の基準は異なっていいとの判断を示したわけである。

　この判断には異論があるだろう。情報の確かさをメディアによって区別するのは現実的ではあるが，その基準はどこにあるのか，だれがそれを判断するのか，確かでない情報を流すことを認めるのは如何か，など[2]。

　これはこれで興味深いテーマだが，私が危惧するのは，「悪貨が良貨を駆逐する」ではないが，マスメディアとパーソナルメディアが錯綜する総メディア社会で，記事の信頼性が，押しなべて低下している事実である。もっとも，最初にこの問題を提起したブログが「マスメディアよ，しっかりしろ」というきわめてまっとうな問題提起だったのは記憶されていい。

ネットのもつ巨大な力

　事件をパーソナルメディアの側から見ると，ネットのもつ巨大な力が発揮されたエポックメイキングな事件だということになる。抗議行動の結果は，「毎日新聞事件の情報集積wiki」にまとめられているが，500件はあると思われるスポンサー企業，マスコミ，官公庁などへの抗議行動とその結果が詳細に報告されている。インター

　1）　東京地裁2008年2月29日判決
　2）　控訴審の東京高裁判決（2009年1月）は，一審判決を破棄して，会社員を有罪とした。ネットの特殊性を認めなかったことになる。

ネット普及期の1999年に起こった家電メーカー・アフターサービス事件は，企業相手の「たった一人の反乱」だったことを考えると，10年を経過して，事態は大きく変わったというべきだろう。

家電メーカー・アフターサービス事件は，福岡市在住の会社員が購入したビデオの不具合をめぐってメーカーと交渉中に，渉外管理室の社員から電話で暴言を浴びせられたとして，その一部始終を自分のホームページで報告すると同時に，録音してあった「暴言」を一般に公開した事件である。

個人のホームページとしては異例のアクセス数となったため，新聞もこれをニュースとして取り上げ，当初は強気の姿勢を見せていたメーカーも，声を聞いた利用者からの苦情が殺到するにおよんで態度を軟化，ついに副社長が記者会見をして会社員に謝罪した。

今回の事件のそもそもの火付け役がブログであったこと，事件報道や抗議行動がウィキ（wiki）という，誰もが書きこみできるウエブを利用して展開されたこと，さらにはいくつかの顕名サイトが問題の本質を鋭く抉るすぐれた論評を展開したことも特筆されていい。

佐々木記者は，某全国紙の社会部記者の述懐として「この事件を真正面から取り上げ，新聞社へのネットの攻撃パワーの強いことを明確にすると，刃が自分たちのところに向かってきそうで恐怖感がある」という興味深い証言も紹介している。

マスメディアが置かれた最大の難問が広告収入減であるという事実は，既存メディアによってはほとんど報じられていないわけで，こういった事件からも，総メディア社会の一端を窺うことができる。

【事件をめぐる関連資料】
〈毎日新聞〉
●おわび　6月25日朝刊本紙およびウエブに掲載
http://www.mainichi.co.jp/20080720/0625.html
●本社英文サイト問題の経過説明します　6月28日朝刊社会面
●英文サイト出直します　経過を報告しおわびします　7月20日朝刊本紙1面およびウエブに掲載
英文サイト問題検証記事　同日朝刊特集面2ページ

〈ネットの言論および抗議活動（発表日時は URL 参照）〉
- 「毎日新聞英語版は誰にハックされているのか」（ブログ「Mozu の囀」）
http://rockhand.cocolog-nifty.com/blog/2008/04/post_6f5f.html
- 「毎日新聞の英語版サイトがひどすぎる　まとめ wiki」
http://www9.atwiki.jp/mainichiwaiwai/
- 「毎日新聞の英文サイトがひどすぎる」（2ちゃんねるスレッド）
http://society6.2ch.net/test/read.cgi/mass/1211846778/l50x
- まとめサイト「毎日新聞事件の情報集積 wiki」
http://www8.atwiki.jp/mainichi-matome/
- 「毎日新聞英語版サイト『変態ニュース』を世界発信」（JCAST ニュース）
http://www.j-cast.com/2008/06/20022225.html
- 藤代裕之「毎日新聞『WaiWai』問題と私刑化する社会とネット時代の企業広報の視点」（ガ島通信）
http://d.hatena.ne.jp/gatonews/20080707/1215364109
- 佐々木俊尚「毎日新聞で何が起きているか上下」
http://japan.cnet.com/blog/sasaki/2008/08/05/entry_27012752/

ジャーナリズムの試練

　「表現の自由」が個人に還元されたからといって，公権力を監視するといった，既存マスメディアがこれまで曲がりなりにも果たしてきた社会的機能＝ジャーナリズムの多くを，一人ひとりの活動で代替することができないのは明らかである。「表現の自由」が個人に還元されたことが，権利の拡散，ひいては喪失になってしまえば元も子もない。

また，社会を束ねる力としてのマスメディアへの期待は，これからも消えることはないだろう。「送り手」の数が増えて，それぞれに多様な言論が展開されても，それらが狭い殻に閉じこもったまま固定されたのでは，社会は分断されてしまう。自分とは違う生き方や考え方を認めあって生きていく多元的で，しかも開かれた社会を確保するのがマスメディアの役割である。

　だからこそマスメディアは，総メディア社会における自らの位置と，そこで期待される役割をあらためて問い直す必要がある。総合情報産業化といった間口を広げる方向ではなく，むしろジャーナリズムの原点に戻るべきである。自らを律し，自らを守る気概を持ち，それに向かって具体的行動をとることで，社会の支援の輪を広げていく道とも言えよう。

　既存マスメディアは，かつてのような特権的地位を謳歌することはできず，印刷，コモンキャリア，放送と，独立で発達してきた各メディアの伝統や規制もいったん解体される。これまでのような大部数や高視聴率の維持は困難だし，広告収入も増える見込みはない。このイバラの道を突き進む勇気が今のマスメディアにないことが，事態をいよいよ混乱させている。

　メッセージとメディアの分離は，メッセージの書き手であるジャーナリストとメディアを切り離すことになり，ジャーナリストとメディア企業との関係もしだいにゆるやかなものになる。企業内ジャーナリスト，フリーのジャーナリスト，プロではないアマチュアのジャーナリズム活動——，これら相互の境界はあいまいになり，ジャーナリストとは何か，ジャーナリズムとは何か，といった問題もあらためて問われるだろう。

　プロのジャーナリストばかりでなく，学者，芸術家，弁護士，技術者，一般の会社員，主婦，若者など，多くの人がブログやSNSを使った情報発信に取り組んでいる。その中にきわめて良質なジャーナリズム活動があることも間違いない。その数はどんどん増えている。

　ブログやケータイを使った情報発信の多くは，特段ジャーナリズムを標榜しているわけでもないし，また標榜する必要もないだろう。

しかし，何らかの事件に巻き込まれたとき，持っているデジタルカメラで，あるいはケータイカメラで現場を撮影し，それを自分のブログにアップすれば，これは立派な報道活動（ジャーナリズム）である。秋葉原事件では，多くの人が犯行現場を撮影し，その場で写真や動画をアップする，にわかジャーナリストになった。そういった時代の情報発信はどうあるべきか，情報発信における責任とマナーといった問題もあらためて考えるべき時である。
　個人のブログとは違い，組織的なオンライン・ジャーナリズムをめざす動きもあるが，必ずしも成功しているとは言えない。「市民ジャーナリズム」を標榜して2000年にスタートした韓国の「オーマイニュース（OMN）」は2006年に日本版を開設したが，2008年8月にいったん閉鎖，エンターテイメント性を盛り込んだ「オーマイライフ＝OML」に変身した。個人ブログが増え，それらの情報をまとめるサイトも登場しているとき，オンライン上に特別のジャーナリズム空間を作り上げるには，それなりの工夫が求められる。
　ただいま現在，インターネットを流れる情報はそれこそ千差万別で，名誉毀損，他人に対する誹謗中傷，わいせつ，違法情報，さらには基本的マナーに欠ける言葉のやりとりなど，「表現の自由」の理念から見ると，足を引っ張るというか，それこそ公権力の介入を呼び込みそうなものも少なくない。
　マスメディアとパーソナルメディアが合流する先で，「表現の自由」をより確たるものにすることが，サイバー空間を豊かなものにし，同時に現実世界を実りあるものにするのに不可欠である。「表現の自由」を行使する手段が万人に開かれたとき，マスメディアにおいても，パーソナルメディアにおいても，「表現の自由」が衰退することがないようにしたいものである。

22
メディア様式の
解体と創生

　未来のメディアがどのようなものになるのかを予測するのは難しいが，総メディア社会の中心インフラがインターネットである以上，その多くがウエブ上，サイバーリテラシー的に言えば，サイバー空間上で展開されるようになるのは間違いない。情報通信法構想の表現を借りれば，「コンテンツ配信・商取引・公的サービス」のすべてが渾然となって流れ込む「情報通信ネットワーク」こそ主役である。第１章であげた「総メディア社会の進展」図を思い出してほしい。

　メディア企業も，従来の縦割りから横割りへと再編成されざるを得ず，現代のマスメディアを取り巻く環境の激変は，その生みの苦しみと言ってもいい。最終章として，さまざまに露呈している従来のマスメディア様式のほころびを考察したあと，未来のメディアとそこでのジャーナリズムの可能性について素描を試みることにしよう。

マスメディア様式の解体

　これまでのマスメディアのあり方が，情報のデジタル化によって様変わりしてしまった例はけっこう多い。マスメディアの従来の様式が解体しつつある。まさにマスメディアの前途は多難と言えよう[3]。

　3）総メディア社会にあっては，IT 社会の環境整備や違法行為取り締まりのために進む法整備，たとえば個人情報保護法，内部告発者保護法，犯罪被害者等基本法，裁判員法などが，メディアのあり方に与える影響も無視できない。これについては，『現場からみた新聞学』所収の拙稿「メディア・イノベーションの衝撃」を参照してほしい。

新聞記事と見出しの役割変化●　家電大手のヤマダ電機が毎日新聞紙面とインターネット記事で名誉を傷つけられたとして毎日新聞社に損害賠償を求めた事件で，東京地裁は2008年9月，ネットの記事のみが名誉毀損に当たるとして，毎日新聞社に110万円を支払うように命じた[4]。

紙面では「不要家電1600台横流し」の主見出しの他に，脇見出しとして「収集委託先」と表記されていたが，ネットでは「ヤマダ電機　不要家電1600台横流し」の1本見出しだけだった。ヤマダ電機は不要家電を不正に転売していたのは委託業者だったのに，記事ではヤマダ電機が組織的に違法行為をしていたような印象を与えたと主張していた。

興味深いのは，判決が記事全体としては「社会的評価や信用を低下させるものではない」と判断しながら，ネットに関しては，「見出しのみを閲覧する読者も多い」として，ネットの見出しに名誉毀損を認めたことである。

新聞紙面とオンラインでは，「見出し」という情報のあり方が変化している。紙面の場合，見出しは記事と結びついて同一箇所に表示され，記事への興味を掻きたてるトリガーの役割を果たしているが，オンラインでは見出しと記事本文が分離される。見出しをクリックすると本文にジャンプできるが，見出しだけですます人もけっこういる。オンラインのユーザーは，記事を離れた見出しだけから世の中の動きを漠然と認識している。総メディア社会ではメッセージとメディアは分離されると何度も書いてきたが，記事の部品である本文と見出しもまた分離される。換言すれば，ばらばらに解体される。

これに関連した判決が2005年10月に知的財産高等裁判所で出ている[5]。

神戸のウェブ企業D社が，ヤフーニュース上の読売新聞，毎日新聞，共同通信，時事通信などのニュース見出し（1行）を電光掲

4）　東京地裁2008年9月12日判決
5）　知的財産高等裁判所2005年10月6日判決

示板ふうに読めるサービスを始め，そこにD社が集めた広告も流していた。これに対して，ヤフーニュースに記事を提供していた読売新聞社が，見出しには著作権が存在しており，勝手に表示したり，配信したりするのは著作権法違反（複製権および公衆送信権侵害）であるなどとして提訴した。

　一審の東京地裁は請求を棄却したが，控訴裁の知的財産高等裁判所は，見出しの著作権性は認めなかったが，「必ずしも著作権など法律に定められた厳密な意味での権利が侵害された場合に限らず，法的保護に値する利益が違法に侵害された場合であれば不法行為は成立する」との判断から，「見出しは法的保護に値する利益となり得る」とD社の不法行為を認定した。ここにもオンライン配信における記事と見出しの分離現象が反映している（高裁判決は，実際に記事を読むためにオンライン上の見出しをクリックする回数は0.8％に過ぎないという，D社とよく似たサービスの例を紹介している）。

　記事は日々の取材活動を通じて書かれ，それを編集する過程で生まれる見出しは，考えによっては，ニュースのエキスそのものである。1本の見出しを作り上げるために，取材の全過程があったとさえ言ってもいい。見出しもまた立派な「ニュース商品」であり，その意味では，まさに保護されるべき知的財産なのである。

　LANによる記事の回覧●　　週刊誌の記事を社会保険庁の職員が庁内LANシステムの掲示板に掲載したのに対して，当の記者が「社会保険庁の行為は，複製権および公衆送信権を侵害している」として，国を相手に指し止めおよび損害賠償を求めた。被告側は，この複製行為は著作権法第42条1項の「行政の目的のために内部資料として認められる場合には，その必要と認められる限度において，複製することができる」という規定に該当すると反論したが，東京地裁は2008年2月，原告の主張をほぼ認め，42万円余の損害賠償を命じた[6]。

　昔から官庁や大企業の広報部門などでは，関連する新聞や雑誌の

6）　東京地方裁判所2008年2月26日判決

記事をスクラップして部内で回覧していたが，部によって切り抜く記事は違うため，一つの組織で同じ新聞を何部も，あるいは何十部も購読しているのが普通だった。紙のスクラップ帳を回覧する範囲は狭くならざるを得ないし，組織全体では相当数の新聞購読が行われていたので，こういった慣習をめぐっては，とくに著作権上の争いは起こらなかった。雑誌の場合なら，「今度，某誌○○号に本省の批判記事が出ているので，読んでおくように」と連絡するだけだと，かえって雑誌がよく売れたわけでもある。

　ところが，該当記事を複製してデジタル情報として LAN に載せれば，元となる雑誌はたった1冊購入すればよく，あとはいっせいに流れてしまう。今回の場合，社会保険庁 LAN システムは，社会保険庁内部部局，社会保険庁大学校，社会保険庁業務センター，および地方社会保険事務局および社会保険事務所など全国に広がり，被告主張によれば，8000名以上が閲覧可能な状態にあった。このような全国ネットワークで閲覧されれば，それが営利目的の行為でなくても，著作物の製作者である記者や出版元の打撃は決して小さくない。

「編集」無用のケータイ小説●　　第6章で紹介したように，2007年はケータイ小説ブームだったが，ケータイ小説の出版は，従来の本づくりの常識を覆した。

　ケータイ小説は，ケータイの掲示板に投稿された素人の小説が，主として女子中高校生の人気を得て，それが単行本化されてヒットしたものである。作品としては稚拙なものが多く，テーマもセックス，暴行，業病など似たり寄ったりだが，そこに純愛を絡ませているのが特徴である。

　ケータイ小説の嚆矢と言われる『Deep Love』は，主人公の少女のすさんだ生活と彼女を取り巻く残虐な風景の一方で，飼い犬や心臓病の少年に対する"無垢"な愛が，あまり必然性もなく，ただ乱暴な文章で書き連らねられており，ふつうの人はちょっと読む気がしない。それが「純（ピュア）な愛」を描いたものとして，主として女子高校生の人気を呼び，2002年に横書きのまま単行本化され

てベストセラーになった。

　映画にもなり，上下2冊で約200万部を売って，世に「ケータイ小説」を広めるきっかけになったのが『恋空』である。描かれているのは，高校という教育現場でのセックスであり，複雑な相姦関係をめぐる暴力，集団リンチ，妊娠，流産，さらにはシンナー吸引など，これまたきわめてすさんだ生活だが，筋立ては恋人ががんで死んでしまうという恋愛物語になっている。

　前者は，ケータイというメディアに関心をもった中年男性の手になる創作，後者は，若い女性が自分の経験を書いたと言われている。現在のケータイ小説は，後者の系列につらなるもので，若い女性が自分の経験を綴った体裁をとるものが多く，ケータイ小説投稿サイトが，ケータイ，パソコン問わず，いくつも公開され，多くの作品が発表されている。

　いち早くケータイ小説に注目し，『DeepLove』，『恋空』の2著を刊行したスターツ出版の編集責任者の話によると，『DeepLove』の作者は，単行本化の計画をいくつかの出版社から断られたそうだ。そこでケータイサイトを通じて販売したところ，なんと10万部の注文があった。読者からの反響メールはほとんど「共感の嵐」で，「援助交際をやめます」とか，「これを読んでリストカットをやめた」といった声も多かったという。筋にはたしかに抵抗があったが，これだけ読者に響くコンテンツはないというのが，同社が『DeepLove』出版に踏み切った理由だった。

　ケータイ小説には「編集」の手がほとんど入っていない。ケータイに書かれた文章が，ケータイと同じスタイルで横書きのまま再掲されている。従来の本づくりでは，プロの立派な作品の場合は別に，構成がまずかったり，表現が稚拙だったりしたら，編集者が手を入れて，公表するのにふさわしい作品に仕上げた（？）ものだが，『DeepLove』の作者は，そういうやり方を拒否したらしい。だから，編集者と筆者が綿密に打ち合わせをして，筋立てを決めるということもない。筋立てを決めるという点で言えば，むしろ読者の関与が大きい。書いている段階で読者から反響がくるから，それを参考に筆者は筋を変えたりできる[7]。

そういう点でも，ケータイ小説は，近来の出版のあり方を大きく変えるものだった。たしかに「本の世界」は遠いものになりつつある。

新しい出版流通システム●　米検索大手，グーグルの書籍検索サービスをめぐる訴訟で，グーグルとアメリカ国内の著作者関連団体は2008年10月に和解することで合意した。

　グーグルは2004年から，一部の図書館などの協力を得て，書籍本文をデジタル化して，ユーザーが内容を検索できるサービス「グーグル書籍検索」を始めており，すでに書籍700万冊以上をデジタル化している。グーグルは，この行為はアメリカ著作権法上の「フェアユース（fair use，公正利用）」にあたり違法ではないとの見解だが，これに対して米作家協会や米出版社協会などが「著作権者に無断で著作物をデジタル化して公開するのは著作権侵害だ」と2006年にグーグルを相手どって訴訟を起こしていた。裁判所は2009年6月に公聴会を開き，和解を承認するかどうかの決定をする予定だという。

　和解案の骨子は，①グーグルは書籍をデジタル化し，それを商業的に利用できる，②グーグルは，許諾なくすでにデジタル化した書籍について１作品に60ドル以上，総額4500万ドル以上の補償金を支払うほか，ネットで公開する書籍へのアクセス権料や広告収入など収益の63％を著作権者に支払う，③グーグルは権利者への収益配分のための新たな組織の設立・運営費用として3450万ドルを負担する，というものだ。

　この和解案でグーグルは，「著作権は存在しているがすでに絶版になっている」書籍のデジタル化が進み，ネット上で購読できる書籍の新しい流通システムが築き上げられる」と言っている。ユーザーにとっては，絶版本に接することができる便利なサービスだし，絶版本の著者にとっても，紙として死蔵，あるいは断裁されるより

7）ホメロスを持ち出すまでもなく，声の文化における吟遊詩人は，語りながら聴衆の反応を見て，物語を作り上げてきた。その手法がケータイによって再発見されたとも言えるだろう。

はありがたい面がある。新たな収入も見込める。出版社としても，グーグルのサービスは市場に出回っている本の販促に役立つ。

　著作者―出版社の間にIT企業が割って入り，新しい出版流通システムを作り上げようとしているわけだが，構想が世界規模なだけに，国単位で行われてきた従来の出版流通システムを根底から変える可能性を秘めている。すでに見てきたように，混乱する現在の業界に与える影響はきわめて大きいだろう。ここでもまた，従来のマスメディア様式が解体しつつある。

　一方，グーグルは「世界中の情報を整理し，世界中の人々がアクセスできるようにする」ことをめざしており，ほかにも主要新聞社と提携して古い記事をデジタル化，検索できるシステムも構築している。今回の和解案は，グーグルにとって大きな一歩であることは確かである。

　このサービス自体は，フェアユースが認められている米国内だけで提供されるが，訴訟が「集団訴訟（クラス・アクション，class action)」という方式で行われているために，訴訟に参加していない（参加の意思を表明していない）利害関係者も結果に拘束される。しかも，著作権に関する国際条約「ベルヌ条約」に加盟している日本や他の諸国の著作物にもアメリカの著作権が発生する関係で，それらの国の著作物が「米国で市販されていない絶版状態」と判断されると，グーグルによって全文をスキャンされ，公開される可能性がある。このためグーグルは，日本においては，雑誌『ニューズウイーク日本版』2009年2月25日号や同月24日付の読売新聞，朝日新聞紙上などに，以下のような見出しを冠した法定公告（法定通知）を掲載した。

「米国外にお住まいの方へ：本和解は，米国外で出版された書籍の米国著作権の権利も包括しているため，貴殿にも影響することがあります。書籍，または書籍中のその他の資料等の権利を有している場合には，適時に除外を行わないかぎり，本和解に拘束されることになります」，「書籍の著者，出版者，または書籍や執筆物の著作権を有しているその他の人物である場合には，貴殿の権利に，グーグルの書籍および執筆物のスキャンおよびその使用に関する集団訴訟

の和解案が影響することがあります」

　これまでなら，自分の著作物を公開する場合は出版社と出版契約を結んだわけだが，グーグルはここで「それらの著作物を勝手にデジタル化して公開し，ビジネスにする可能性があります。対価はきちんと払いますが，この和解案に拘束されたくなければ除外の手続きを，すでに無断でデジタル化された場合の補償金を得たい場合はその旨の申し立てを期限内にしてください」と公に，世界に向けて「通知」したわけである。

　情報のデジタル時代に対応した，それなりに合理的な新しい著作権ビジネスとも言えるが，当事者の知らないところでそれが動き出し，そこから除外されたければ，当該者があらかじめ意思表示をしなくてはいけない，というこれまで一般に行われてきた制度設計とは逆転した形になっている点こそ，既存の社会システム全体が大きく揺れていることを示している[8]。

テレビ視聴態度の変化●　　一家そろって茶の間で食事をしながらテレビを見るという習慣は，録画装置の普及ですっかり姿を消しつつある。自分の関心があるキーワードを登録しておけば，それに関連する番組を自動的に録画してくれるから，番組表すら不要だ。これはラテ欄が売りものの一つだった戸別配達の新聞にとって大いなる脅威である。

　録画した番組は，コマーシャルを早送りしたり，飛ばしたりして見られる。これはテレビ会社にとって大きな打撃で，テレビCMの効果が減少し，スポンサーが少なくなるなどの現象が起こっている。

　番組をいったん録画すれば，それをインターネットで送信，他の場所でも，海外でも番組を見られる。まさに「ロケーションフ

---

　[8]　ストリートビューと同じオプトアウト方式である。ここでもマクルーハンの言葉が思い出される。「新しいメディアは古いメディアになにかをつけ加えるというものではない。また，古いメディアを平穏に放っておきもしない。それが古いメディアに代わって新しい形態と地位を見出すまで，古いメディアを圧迫することを止めない」，「いったん新しい技術が社会的環境に入ってくると，あらゆる制度がそれで飽和するまで，その環境に浸透することを止めない」（前掲『メディア論』p.177, 181）。

リー」(「ロケーションフリーはソニーの録画機器の名称」)だが，こういう技術の発達は，地上波テレビは県単位といった従来のテレビモデルを無意味にしかねず，そういう点でも，放送のあり方は抜本的な改革を迫られている。

世論の劣化●　2005年の雑誌『新聞研究』に「世論調査が直面する大きな壁」という原稿が載った[9]。筆者は当時の朝日新聞世論調査部長で，これまでの世論調査のやり方が著しく困難になっている事情を報告している。調査員による面接調査が拒否されるし，若者は固定電話を持たなくなると同時に，ケータイでは，ナンバーディスプレイを見て知らない人からの電話に応答しなくなっている。しかし，これらの「世論調査の劣化」よりも気がかりなのが「世論そのものの劣化」なのだという。

端的に言えば，多くの回答者がいとも軽やかに調査に答える。彼は「誤解を恐れずに言えば，『知らないことでも』『考えずに』答えている」と書いている。

さらにこうも書いている。「マスメディアが実施する世論調査はこれまで，対象者がマスメディアに十分接しているという前提で質問をつくってきた。調査テーマに関心を持ち，よく知り，よく考えて回答するに違いない……。それは今や，とんでもない虚構なのだとつくづく思う」。

調査そのものが意味をなさなくなっている。書物の世界から「読書人」という言葉が消えて久しいが，マスメディアが想定していた読者像そのものに地すべり的とも言える変化が起こっている。

ケータイ・メールや若者向け掲示板の文章を見れば一目瞭然でもあるが，近代民主主義社会が想定してきた合理的なコミュニケーションのあり方そのものが崩壊しつつあるとも言える。ジャーナリズムにとって手ごわい敵は，むしろここにあるとも言えよう[10]。

---

9)　峰久和哲「世論調査が直面する大きな壁」(『新聞研究』2005年7月号)
10)　もはや「表現の自由」以前の問題で，こういう状況下で電子投票が進むと考えると，問題はなかなか深刻である。

新しいメディアの創造

　これからは「電子メディア」の時代である。従来の「紙のメディア」がなくなるわけではないし，ある意味ではむしろ，その有用性や重要性が再認識されるだろうが，「紙」単独でものごとを考えるわけにはいかない。紙のメディアを全体のメディア状況の中に位置づけ，共存を図るという意識が不可欠である。

　新しいメディアに関して言えることは，インターネットが持つ潜在的可能性をうまく引き出した者が，未来の覇者になるということである。

　よく言われることだが，本というメディアがいまのような形になるのは，15世紀にグーテンベルクが発明した活版印刷術に多くを負っているが，グーテンベルクが印刷した42行聖書は，説教壇に置かれた大きな手書き聖書と同じ体裁だった。彼は手書き聖書を模倣するために活版技術を使ったわけで，この技術を使えば，持ち運びに便利な書物ができるのだと，人びとが考えつくまでには100年単位の年月を要している。

　もっと活字を小さくし，体裁も小ぶりにする。それぞれのページに番号をふる，タイトルや目次をつける，巻末に索引を用意する，といった工夫が徐々に施されて，いまの本が出来上がった。

　Web2.0はインターネットの世界を大きく変え，それにともない，インターネットというメディアの様式もまた変貌を遂げた。ウィキペディア，ユーチューブなどの新たなメディアが次々と登場し，「ユーザーの積極的参加」，「集合知」などが話題になった。ビジネスの世界も様変わりしている。これからインターネットの潜在的可能性を生かした新しいメディアが続々登場してくるだろう。その開発者がすなわち「メディアの覇者」になる。

　それでは，今後，どのようなメディアおよびメディア企業が登場してくるのか。そこでのジャーナリズム活動はどのような形をとり得るのか。以下にメディアとジャーナリズムに関して，いくつか思

いつくことを書いておこう。

■ジャーナリズム・プラットホーム■

　これからは，情報通信ネットワーク上にどのようなコンテンツを用意するかと同時に，それらをまとまった情報として編成していくことが重要になるだろう。これを誰が担うかだが，既存マスメディアがそのままここに参入することは難しい。これも情報通信法構想の表現を借りれば，コンテンツ層と伝送インフラ層の中間に位置する「プラットホーム」が重要な鍵を握るだろう。

　先にも述べたように，これから進むメディア再編が実用重視，ビジネス優位で進んでいくことが危ういのである。既存マスメディアは自らの既得権が失われるのを恐れ，改革に反対する保守的態度を強めているが，これもまた危うい。思い切って「プラットホーム」に参入して，そこで新たなジャーナリズムを追求すべきである。

　これは，言うに易く，行うに難い。まず，新聞，出版，放送，通信——，既存ジャンルを超えたメディア企業の抜本的再編を伴う。またそこでは，新たなジャーナリズムを築き上げるという強靭な意志と，それぞれのメディアが長い歴史の中で築き上げてきた伝統を広範に生かす必要がある。それこそが，総メディア社会のバランスある発達を可能にするだろう。

　アメリカ通信品位法に関連して述べたように，業界再編のような大事業が展開されるとき，「表現の自由」のように，重要だけれど，守るに難しい権利は，ともすれば置き去りにされがちである。それに異を唱え，違憲判決を勝ち取るためには，人権団体をはじめとする多くの人びとの活動が必要だった。

　マスメディアも，オンライン・ジャーナリズムを志向する団体や個人も，「プラットホーム」という言葉を使うかどうかは別にして，ウエブ上に活動の重点を置くことになるだろう。ジャーナリズムに関して言えば，これからより重要になるのは，①オリジナルな情報をどう提供できるかという取材力，②世界をどのようなものとして提示するかという編集力，である。

　大事なのは取材と整理（編集），と言っていい。ライターとエデ

ィターの新たな軍団の結成である。個々の記事がばら売りされる場合もあるし，価値判断を加えた紙面としてパッケージ化されて提供されることもあるだろう。既存企業にモデルを探せば，通信社に近い。ニュースというコンテンツを製作し，それを編集する「ジャーナリズムのプラットホーム」を築き上げなくてはならない。それは「メッセージ」を「メディア」から切り離すという大手術を伴う。

そうすれば，長い年月と多数の人員をかけた調査報道のような活動もあらためて可能になるし，個々の記者が権力など外部から攻撃されることを防ぐ盾ともなるだろう。また，企業内ジャーナリストをいったん組織から解き放ち，新たな職能集団へと再編成する契機ともなり得る。こういったアグレッシブな再編が既存マスメディアおよびそこで働くジャーナリストに求められているのではないだろうか。

記事と広告の関係にしても，ウエブにおいては両者が分かちがたく結ばれ，それはそれで長所でもあるけれども，この癒着関係が公正な事実の報道をゆがめがちなこと，広告と結びつかない記事が敬遠されがちなのも事実である。新たなジャーナリズムのブランドを押し出す可能性はあると思われる。

■**前途に横たわるイバラの道**■

以上，一つの青写真を描いてみたが，これを実現するためにはまさにイバラの道を歩まなくてはならない。これは，IT社会を豊かなものにするために，社会全体が取り組むべき歴史的課題でもある。

まず，これまでマスメディアを成り立たせていたビジネスモデルは，「ジャーナリズムのプラットホーム」ではほとんど意味をなさないだろう。メッセージ（記事・ニュース）をメディア（新聞，出版，放送，およびそれらの産業）から切り離してメッセージ単独で扱わなくてはならないが，メッセージ単独のビジネスモデルは，これまでほとんど存在しない（先に上げた通信社などが例外である）。

新聞で見れば，現在，オンライン発信はほとんど無料である。検索連動型広告やバナー広告が導入されているが，新聞紙の一面広告が1000万円といった従来広告のあり方から言えば，微々たるもので

ある。新聞のビジネスモデルは，極端に言えば，作るのに手間ヒマかからないラジオテレビ欄で大部数を獲得し，その販売・広告収入を政治，経済，社会といった分野でのジャーナリズム活動に振り向けてきた。記事がばら売りされるようになれば，このような芸当は不可能である。もう少しマクロに考えれば，値上げもできず，広告収入も減少している新聞産業が，とにもかくにも生きながらえていられるのは，人員減や印刷部門の別会社化，営業の多角化などのおかげだが，新聞社が所持する不動産による収入も馬鹿にできない。こういう記事本体と別の収入で本来のジャーナリズムを支える，といったやりくりもできなくなる。

　これからは，情報（メッセージ）を物（メディア）に仮託するというやり方そのものが難しくなる。少なくとも，このようなやり方では，上質のジャーナリズムは追求できないと言っていい。情報を情報単独で扱い，しかもこれをビジネスとして成立させるためには，情報そのものに課金するか，何らかの対価を得る工夫をする以外に方法はない。新しい情報ビジネスのモデルを打ち立てることが迫られている。これは，何もジャーナリズムだけの問題ではないし，新聞だけの宿題でもない。出版，放送といったメディア企業が直面している難題とも言えよう。

　著作権のあり方とも大きく関係する。何もかもを著作権で囲い込もうとするやり方がすでに限界に来ているのは明らかだが，すべての情報を無料化し，それを広告だけで稼ごうとするのも現実的だとは思えない。記事と広告の癒着から解放されるためには，情報の有料化が不可欠だからである。

　このように考えていくと，総メディア社会におけるジャーナリズム活動の維持は，単にジャーナリズムだけの問題ではなく，社会全体の大きな試練だということに気づく。インターネット登場以来，人びとはオンライン上の情報はタダである，という状況にすっかりなれてしまっている。そこに一定額の課金をするためには，情報の質をよほど高めなくてはならないのはもちろんだが，一方で，価値ある情報には金を払うという世間一般の人びとの意識改革も不可欠である。

これはまさに「サイバーリテラシー」の問題である。IT社会を生きるための基本的な心構え，覚悟といったものを，万人が共有しなくてはいけない。サイバー空間と現実世界の関係史をひもとけば，現在はなお，サイバー空間の成長期，発展期である。そこではサイバー空間の可能性，便宜性，効率性に焦点が当てられすぎている。デジタル情報社会の危うい側面も指摘されているが，それをよりトータルに捉え，サイバー空間と現実世界の豊かな交流をめざすという方向には進んでいない。

　私は，いま必要なのは，より良い「サイバー空間の再構築」と同時に，サイバー空間によって換骨奪胎された「現実世界の復権」であると考えている[11]。2008年後半に世界を襲った未曾有の経済危機にしても，かくまでも急激な社会の変化は，サイバー空間登場以前には想像できなかった。それは，デジタル技術の効率化によって，現実世界が持つさまざまな制約が取り払われた代償でもあった。ことはジャーナリズムだけの問題ではなく，私たちがこれから生きようとする社会そのものの問題なのである。

■紙のメディアの可能性■

　メディアの将来について付言しておけば，紙のメディアである新聞や書物は，長い歴史を経て，その様式を発達させてきた。いま随所にほころびが見えるのは前章でみた通りだが，人類は「声の文化」から「文字の文化」へ移行したとき，声を捨てたわけではない。「電子の文化」における「紙の文化」は，いよいよ重要になるとも言えよう。ただし，そのための工夫は必要である。

　ジャーナリズムのような地味だが重要な活動は，紙にこそふさわしいかもしれない。立花隆の「田中角栄研究」は，雑誌ならではの調査報道だったのである。だから既存マスメディアが今後も存続可能なのはもちろんだが，大事なのは，折々に見てきたように，それぞれのメディアが全盛だったころ勝ち得た圧倒的な売り上げや評判を，今後は期待できないという関係者の覚悟である。メディアの世

---

11)　『サイバーリテラシー概論』第14章参照

界においても，創造的破壊の時代が来ている。

　こういう「時代の波頭」を切り取り，それを共通の土俵に上げて，多くの人の討論の場に引き出すことこそ，ジャーナリズムの役割であり，編集者の仕事である。

おわりに

　すべての人が「表現の自由」を行使する具体的手段を得たとき，ジャーナリズムがかえって衰退しつつあるという危惧が本書執筆の動機だったが，マスメディア，パーソナルメディアを問わず，ジャーナリズムを追求する記者たちは健在だし，試練の続く出版界でなお活発な活動を続けている人もいる。本書で取り上げたのは大きな歴史的潮流だが，一方で個々の人びとの具体的活動こそ大切であるのもまた確かである。

　朝日新聞記者で，雑誌『朝日ジャーナル』編集長を務め，その後，長くTBSテレビのニュースキャスターだった筑紫哲也が2008年11月7日に他界した。彼は新聞，雑誌，テレビと，活躍場所としてのメディアを変えながら，常にジャーナリストとしてその本道を歩んだ人である。

　TBSテレビ「NEWS23」では，メインキャスターとして森羅万象を素材にしながら，ジャーナリストとしての筋をぴしりと通した。番組コラム「多事争論」では，TBSがオウム真理教を批判する坂本堤弁護士のインタビュー映像を放送直前にオウム真理教幹部に見せた事件に関しては，その矛先をTBSそのものにも向けている。

　出版社のリストに上げた幻冬舎は，角川書店で名物編集者として有名だった見城徹が1993年に設立した新興出版社だが，わずか10年で9作のミリオンセラー（100万部以上）を出している。これは不況下の出版界の大異変と言ってもいい。彼のやってきた仕事ぶりを見ると，次の言葉に一半の真理が含まれていることを認めないわけにはいかない。

　「出版界に巣くう人間たちは，本が売れない時代だと嘆く。ブックオフがあるから本が売れない。図書館があるから本が売れない。若者の活字離れが甚だしいから本が売れない。流通制度が旧いから本が売れない。それらの理由はすべてNOだと僕は思う。……。

旧い流通制度に護られているからこそ出版界が生き延びていられるのではないのか。自分たちが文化を作り出しているという特権意識にあぐらをかき続けてきたことが，本が売れなくなった本当の理由ではないのか。『それ以上に面白い本』を作ればきっと売れるはずなのに，その努力をしないだけではないのか」。「本が売れないのは自分の責任だと，自分の責任において事態を引き受ける姿勢を持たない。それが常識としてまかり通っている」（『編集者という病い』）。

以上2人は，いまなおメディア界で活躍する多くの人びとの代表例である。こういう事例もあった。

アメリカ第44代大統領にバラク・オバマ上院議員が決まった翌朝の2008年11月5日付新聞は，飛ぶように売れたという。ニューヨーク・タイムズ社の前には長い行列ができ，タイムズでは売店向け部数を10万部以上増刷したが間に合わず，さらに午後には7万5000部を追加した。オバマ氏の地元，シカゴでは，シカゴ・トリビューンの販売部数は前日の4.3倍で，朝8時過ぎには完売した。急遽20万部以上を増刷したが，それでも売り切れ店が続出した。ワシントンでは，通常より3割増しで印刷したワシントン・ポストも数時間後に売り切れ，25万部を緊急印刷したという（朝日新聞11月7日付朝刊，日本経済新聞6日付夕刊から）。

昔から新聞は戦争で部数が伸びると言われ，実際，日本の新聞が商業的に確立するのは，日清，日露両戦争を契機としてだった。ニューヨーク・タイムズ社前に行列ができたのは，2001年の同時多発テロ以来だとも言われている。大事件があれば新聞が売れる，というのは確かだが，ここに記事の正確さ，将来を見据えた解説，さらには新聞紙面の記録性，といった新聞の持つ社会の期待がある。新聞の活躍する場はなお広いと言えるだろう。

新聞関係者が集まった小さな会合で，各地の紛争現場を取材してきたジャーナリストの1人が，「新聞が読まれなくなったというが，それは欧米や日本の話で，中国や，韓国，中東，アフリカなどでは今も新聞がよく読まれている。貧しい人たちはパソコンも持っていないし，ケータイも普及していない。新聞の役割はなお大きい」と話していた。新聞を中心とするジャーナリズムの「現場」が，なお

確たるものとして存在していることもまた事実だろう。

　しかし大きなメディア状況は，本書で描いた方向に流れている。その中で情報通信法の構想はとくに重要だと思われる。法成立は2011年の予定だが，それまでに既存マスメディア，新興 IT 企業，パーソナルメディアの担い手を含めて，幅広い論議が行われる必要がある。

　また，個人の情報発信は野放図に何でもやってもいいということではもちろんない。権利に対応する義務を考えなくてはいけないし，社会に向けて情報発信する際のマナー，節度をわきまえる必要もある。社会全体の情報環境を豊かなものにするためのリテラシーも大切である。

◇

　本書もまた，大学でメディアを学ぶ人たちのための教科書，あるいは一般向けの読み物として書いたけれども，今後のメディアのあり方に関心を持っている，いや持たざるを得ない多くのジャーナリストや編集者たちにもご一読いただければたいへん嬉しい。ご意見，ご感想をお寄せいただければ，なお嬉しく思います。

　この本を書くにあたっても多くの人のお世話になりました。雑誌連載の機会をいただいたり，折々の研究会などに参加して，さまざまに意見交換する機会を得たのもありがたかった。いちいち名は上げないが，皆さんありがとうございました。知泉書館の小山光夫さんは，多事多難な出版界にあって学術出版の灯を守り続けている人である。前著『サイバーリテラシー概論』に続き，すばらしい本を作っていただいた。デザインを担当してくださった熊澤正人さんともども，厚くお礼申しあげます。

文献案内
人名索引
事項索引

文献案内

朝日新聞社編『朝日ジャーナルの時代　1959−1992』（朝日新聞社，1993年）
芦部信喜『憲法』（新版，岩波書店，1999年）
天野勝文他編『岐路に立つ日本のジャーナリズム』（日本評論社，1996年）
天野勝文・橋場義之編著『新・現場からみた新聞学』（学文社，2008年）
天野勝文・松岡新児・植田康夫編著『新・現代マスコミ論のポイント』（学文社，2004年）
井上ひさし『ベストセラーの戦後史　①②』（文藝春秋，1995年）
上杉隆『ジャーナリズム崩壊』（幻冬舎新書，2008年）
奥平康弘『表現の自由Ⅱ』（有斐閣，1984年）
─────『なぜ「表現の自由」か』（東京大学出版会，1988年）
小田光雄『出版社と書店はいかにして消えていくか』（ぱる出版，1999年）
─────『ブックオフと出版業界』（ぱる出版，2000年）
桂敬一『日本の情報化とジャーナリズム』（日本評論社，1995年）
紀田順一郎『読書戦争』（三一新書，1978年）
見城徹『編集者という病い』（太田出版，2007年）
小林一博『出版大崩壊』（イースト・プレス，2001年）
小宮山量平『編集者とは何か』（日本エディタースクール出版局，1983年）
外山滋比古『エディターシップ』（みすず書房，1975年）
佐野真一『だれが「本」を殺すのか』（プレジデント社，2001年）
長谷部恭男『テレビの憲法理論』（弘文堂，1992年）
─────『憲法学のフロンティア』（岩波書店，1999年）
原寿雄『ジャーナリズムの思想』（岩波新書，1997年）
─────『ジャーナリズムの可能性』（岩波新書，2008年）
マガジンハウス編『平凡パンチの時代―失われた六〇年代を求めて』（マガジンハウス，1996年）
松井茂記『マス・メディア法入門［第4版］』（日本評論社，2008年）
水越伸『メディアの生成　アメリカ・ラジオの動態史』（同文館，1993年）
安原顕『決定版・「編集者」の仕事』（マガジンハウス，1999年）
山本博『追及―体験的調査報道』（悠飛社，1990年。後に『朝日新聞の「調査報道」』として文庫化された。小学館文庫）
吉見俊哉・若林幹夫・水越伸『メディアとしての電話』（弘文堂，1992年）
鷲尾賢也『編集とはどのような仕事なのか』（トランスビュー，2004年）

イシエル・デ・ソラ・プール『自由のためのテクノロジー――ニューメディアと表現の自由』(東京大学出版会,堀部政男監訳,原著 Ithiel de Soka Pool "Technologies of Freedom" 1983年)
呉連鎬『オーマイニュースの挑戦』(太田出版,2005年)
カール・バーンスタイン&ボブ・ウッドワード『大統領の陰謀――ニクソンを追い詰めた300日』(常盤新平訳,立川書房,原著 Bob Woodward and Carl Bernstein "All the Presidents Men" 1974年。後に文春文庫に収録)
ジョン・ミルトン『言論の自由 アレオパヂティカ』(石田憲次他訳,岩波文庫,絶版。現在は原田純訳で再出版されている。原著 John Milton "Areopagitica" 1644年)
ジョン・スチュアート・ミル『自由論』(塩尻公明,木村健康訳,岩波文庫,原著 John Stuart Mill "On Liberty" 1859)
ダン・ギルモア『ブログ』(朝日新聞社,平和博訳,原著 Dan Gillmor "We the Media Grassroots Journalism by the People, for the People" 2004年)
ハリソン・ソールズベリー『メディアの戦場』(集英社,小川水路訳,原著 Harrison E. Salisbury "Without Fear or Favor" 1980年)
ボブ・ウッドワード『ディープ・スロート 大統領を葬った男』(文藝春秋,伏見威蕃訳,原著 Bob Woodward" The Secret Man : The Story of Watergate's Deep Throat" 2005年)

人名索引

イシエル・デ・ソラ・プール	186	奥平康弘	154,165
エドガー・ドガ	115	小田光雄	74,77
オーソン・ウエルズ	87	加藤典洋	77
カール・バーンスタイン	43	紀田順一郎	75
グラハム・ベル	113	黒岩涙香	26
ジョン・スチュアート・ミル	151	小林一博	65
ジョン・ミルトン	149	小宮山量平	81
スティーヴン・グールド	89	外山滋比古	84
ダニエル・エルズバーグ	45	田中康夫	38,49
ダビッド・サーノフ	86	長谷部恭男	164,182
ホームズ, O.W.	152	林紘一郎	181
ボブ・ウッドワード	43	原寿雄	36
マーシャル・マクルーハン	89,170,205	福沢諭吉	26
マリオ・プーゾ	78	堀江貴文	21
ランディ・パウシュ	6	堀部政男	123,170
ルパート・マードック	51	牧野二郎	123
芦部信喜	118,149,153	松井茂記	156
大宅壮一	98	水越伸	86,131
		安原顕	79
		山本博	46
		鷲田清一	79

事項索引

アメリカ通信品位法	185	衛星放送	97
委託販売制度	71	オープンメディアコンテンツ	174
委託放送事業者	107	オプトアウト	8
一億総白痴化	98	街頭テレビ	93
一般メディアサービス	174	記者クラブ	37
インターネット広告	139	QWERTY	121
ウイキペディア	144	グーグル書籍検索	203
ウォーターゲート事件	43	グーグルニュース	139
宇宙戦争	87		

索　引

ケータイ小説　59,201
ケーブルテレビ　97
ゴールデンタイム　100
黒電話　114
公然性を有しないもの　173
公然性を有するもの　173
公然性を有する通信　123
個人情報保護法　184
コモンキャリア　116
コンピュータ編集メディア　138
再販売価格維持制度　73
「思想の自由市場」理論　152
視聴率　99
受信料　101
受託放送事業者　107
小新聞　25
情報通信法　169,182
新刊点数　66
信書の秘密　118
ストリートビュー　7
相互編集メディア　138
総メディア社会　10,21,108,136
「脱・記者クラブ」宣言　38
通信の秘密　117
テレビ朝日報道局長事件　105
電気通信事業法　116
電気通信役務利用放送法　183
電波の稀少性　103,176
電波法　91,103
伝達手段　169
特別メディアサービス　174
「二重の基準」理論　153,180

ニフティ訴訟　125
日本電信電話会社（NTT）　114
日本放送協会（NHK）　91,102
博多駅テレビフィルム提出命令事件　155
発信者情報開示請求権　125
発信電話番号表示サービス　119
ハード・ソフトの分離　106
表現の自由　149,176,182
編集メディア　137,192
返品率　72
ブックオフ　75
プライムタイム　100
プラットホーム　107,171,208
プロバイダー責任制限法　125
ペンタゴン・ペーパーズ　45
放送博物館　92
放送番組編成準則　104,176
放送法　91,103
放送免許　103
ポータル競争　16
マスメディア集中排除の原則　103
民間放送　93,102
無編集メディア　137,192
メッセージ　169
メディア　169
メディア企業のコングロマリット化　12
ユーチューブ　7,143,163
リクルート事件　46
ロス疑惑　156

矢野直明（やの・なおあき）

サイバー大学 IT 総合学部教授。情報セキュリティ大学院大学客員教授。1942年生まれ。東京大学文学部社会学科卒。1966年に朝日新聞社入社。盛岡支局を振り出しに佐世保支局、福岡総局、西部本社社会部、同整理部を経て、1979年に出版局『アサヒグラフ』編集部員。1988年、『ASAHI パソコン』を創刊して初代編集長に。『月刊 Asahi』編集長のあと、1995年から出版局デジタル出版部長兼『DOORS』編集長。1997年から調査研究室主任研究員。2002年に朝日新聞を定年退社、同時にサイバーリテラシー研究所を開設。

〔著作〕『パソコンと私』福武書店、『マス・メディアの時代はどのように終わるか』洋泉社、『インターネット術語集』岩波新書、『サイバーリテラシー　IT 社会と「個」の挑戦』日本評論社、『情報編集の技術』岩波アクティブ新書、『インターネット術語集 II』岩波新書、『女性がひらくネット新時代』岩波書店、『サイバー生活手帖—ネットの知恵と情報倫理』日本評論社、『子どもと親と教師のためのサイバーリテラシー』合同出版、『サイバーリテラシー概論』知泉書館。

総メディア社会とジャーナリズム
ISBN978-4-86285-057-7　C1065

2009年5月10日印刷
2009年5月15日発行

著者　矢野直明

Printed in Japan

発行者　小山光夫
発行所　株式会社　知泉書館
　〒113-0033　東京都文京区本郷1-13-2
　電話 03-3814-6161／Fax 03-3814-6166
　http://www.chisen.co.jp
ブックデザイン
　熊澤正人＋熊谷美智子（パワーハウス）
印刷者　藤原愛子

印刷・製本　藤原印刷株式会社